KB200339

전능자의 그늘 아래 머물리라

· 1권 ·
하나님의 주권

전능자의 그늘 아래 머물리라

1권 - 하나님의 주권

지은이 | 이재훈
초판 발행 | 2020. 4. 8
4쇄 | 2022. 4. 19
등록번호 | 제1988-000080호
등록된 곳 | 서울특별시 용산구 서빙고로65길 38
발행처 | 사단법인 두란노서원
영업부 | 2078-3352   FAX | 080-749-3705
출판부 | 2078-3331

책값은 뒤표지에 있습니다.
ISBN 978-89-531-3735-6 03230

독자의 의견을 기다립니다.
tpress@duranno.com   www.duranno.com

두란노서원은 바울 사도가 3차 전도여행 때 에베소에서 성령 받은 제자들을 따로 세워 하나님의 말씀으로 양육
하던 장소입니다. 사도행전 19장 8-20절의 정신에 따라 첫째 목회자를 돕는 사역과 평신도를 훈련시키는 사역,
둘째 세계선교(TIM)와 문서선교(단행본잡지) 사역, 셋째 예수문화 및 경배와 찬양 사역, 그리고 가정·상담 사역 등
을 감당하고 있습니다. 1980년 12월 22일에 창립된 두란노서원은 주님 오실 때까지 이 사역들을 계속할 것입
니다.

전능자의
그늘 아래
머물리라

1권
하나님의
주권

이재훈 지음

두란노

믿음도 하나님의 주권 아래 있다

성경에 나오는 인물 중에도 중요한 사람과 중요하지 않은 사람이 있다. 하나님께서 사람을 차별하신다는 뜻이 아니다. 성취에 따라 역사에서의 중요도가 결정되는 세속적인 구별도 아니다. 이는 하나님의 구원 역사에서 예수 그리스도의 복음을 계시하는 일에 얼마나 더 많이 쓰임받았느냐의 구별이다.

그런 면에서 아브라함은 성경 인물들 중 다윗과 함께 가장 중요한 사람으로 꼽힌다. 두 사람은 마태복음 1장에서 예수님을 소개하는 대표적인 인물로 등장한다. 즉 아브라함과 다윗은 예수 그리스도께서 세상에 오셔서 이루신, 하나님 나라를 계시하는 일에 가장 중요한 역할로 쓰임받은 것이다.

그중에서도 우리는 성경을 이해하기 위한 필수 과정으로 아브라함의 생애를 연구해야 한다. 아브라함의 생애에는 '그리스도의 십자가 대속으로 값없이 의롭다 함을 받는다'는 복음의 진수가 마치 대하드라마처럼 펼쳐진다. 하나님은 아브라함의 삶에 찾아오셔서 그를 부르시고 그를 통해 역사하심으로 십자가의 복음을 가장 흥미롭고 기억하기 좋은 방식으로 보여 주셨다.

특히 우리는 아브라함의 생애를 통해 믿음의 원리를 배우게 된다. 아브라함이 '믿음의 조상'이라 불리는 것은 그의 믿음이 훌륭했다거나 모범이 될만한 사람이어서가 아니다. 그는 늘 실수투성이였고 하나님을 의심했다. 그러나 하나님은 아브라함을 통해 예수님을 믿는 믿음조차 인간의 힘이 아니라 하나님의 주권으로 이루어진다는 원리를 우리에게 가르쳐 주셨다. 따라서 우리는 아브라함의 생애를 알지 못하면 믿음의 원리를 제대로 배울 수 없다.

'2020년 작은 예수 40일 새벽기도회'에서 온누리교회 성도들과 함께 '전능자의 그늘 아래 머물리라'라는 주제로 아브라함의 생애를 묵상하여 나누었다. 그리고 그 내용을 정리하여 책으로 엮었다. 제1권은 '하나님의 주권'이라는 부제목을 달아 아브라함의 생애를 통해 가르쳐 주신 믿음의 원리를 다뤘고, 제2권은 '하나님의 성품'이라는 부제목을 달아 이해하기 어려운 하나님의 성품들을 다룰 예정이다.

이 책을 통해 주님을 사랑하는 모든 이가 아브라함의 삶을 함께 여행하면서 오직 은혜로 믿는 이들을 구원하시는 하나님의 주권 앞에 더 경외함을 가지고 경배하게 되기를 바란다.

2020년 4월

이재훈

Part 1

소망이 없을 때,

은혜를 주시다

1장. 시대가 가장 어두울 때
사람을 준비하신다

_____ 창세기 11:27-32

우리가 하나님께 소망을 둘 수 있는 것은 그분이 '소망의 하나님'이시기 때문이다. 이 말은 하나님께서 당신 자신 안에 소망을 두고 일하시기에 우리에게 소망을 주실 수 있다는 뜻이다. 하나님은 성령의 능력으로 우리에게 소망을 부어 주신다.

∞ 소망의 하나님이 모든 기쁨과 평강을 믿음 안에서 너희에게 충만하게 하사 성령의 능력으로 소망이 넘치게 하시기를 원하노라 롬 15:13

일반적인 의미에서 소망이란 어떻게 될지 알지 못하는 불확실한 미래에 막연하게 좋은 일이 있을 것을 바라는 것이다. 그러나 성경적인 소망은 단지 바라기만 하는 것이 아니다. 어떤 약속에 대한 분명한 확신을 가지고 미래에 좋은 일이 있을 것을 기대하고 바라는 것이다.

마르크스주의를 따르는 사람들은 소망에 대해 부정적이다. 그들은 소망이 사람들을 수동적으로 만들고, 그 결과 대중은 현실에 무감각해진다고 말한다. 따라서 마르크스주의는 죽음 후 천국에 대한 소망을 가르치는 성경에 대해 부정적일 수밖에 없다. 그러나 실상은 소망을 가진 사람들이 현실에서도 최선을 다해 살아간다. 바울은 로마서에서 소망을 가진 사람들이 얼마나 현실에 대한 인내를 가지는지 설명하면서 소망으로 구원을 얻었다는 표현까지 사용한다.

> ∞ 우리가 소망으로 구원을 얻었으매 보이는 소망이 소망이 아니니 보는 것을 누가 바라리요 만일 우리가 보지 못하는 것을 바라면 참음으로 기다릴지니라 롬 8:24-25

'No Pain, No Gain'이라는 말이 있다. 우리말로 번역하면 '고통 없이는 얻을 것이 없다'는 뜻이다. 그야말로 진리다. 그런데 그 반대가 되어도 진리다. 'No Gain, No Pain.' 번역해 보면 '얻는 게 없다면 고통도 없다', 즉 '얻을 것이 있을 때 고통을 견딘다'는 의미다. 이것이 소망이다. 소망이란 확실하게 얻을 것을 기대하기 때문에 현재의 고통을 참을 수 있는 능력이 생기는 것이다. 따라서 고통스러운 현실을 살고 있는 사람들에게 소망이 필요하다. 고통을 참고 인내하며 하나님께서 주시고자 하는 선한 것을 바라는 믿음이 필요하다.

타락한 문명 속에서
한 사람에게 집중하셨다

소망의 하나님께서 새 일을 행하실 때는 언제나 한 사람을 선택하신다. 보통 우리가 수많은 사람 중 한 사람을 선택할 때는 어떻게 하는가? 그들을 경쟁시켜 제일 탁월한 사람을 취한다. 그러나 하나님의 방법은 이것과 다르다. 오히려 사람들이 볼 때 '저 사람이 도대체 뭘 할 수 있지?'라고 여겨지는 한 사람을 택하신다. 그래서 그를 통해 하나님의 전능하신 능력을 보여 주신다. 소망의 하나님은 세상적으로 볼 때는 연약하고 부족하여 아무것도 할 수 없을 것 같은 한 사람을 택하셔서 하나님께서 얼마나 위대한 일을 행하시는가를 나타내신다.

하나님께서 택하고 쓰시는 한 사람은 전지전능하신 그분의 그늘 아래 머무는 사람이다. 세상은 전능하신 하나님의 통치 아래 있다. 그분은 스스로 모든 것을 행하시며 어느 누구의 도움 없이 무엇이든 하실 수 있다. 우리가 믿는 하나님이 바로 그 전능하신 하나님이다. 하나님의 전능하심은 우리가 이해할 수 없고 다 경험할 수도 없다. 우리가 경험할 수 있는 것은 오직 전능하신 하나님의 그늘이다.

전능하신 하나님의 역사에는 언제나 믿음의 사람들이 있다. 그중 가장 중요한 인물은 "하나님의 벗"(약 2:23)이자, "믿는 모든 자의 조상"(롬 4:11)이라고 불린 아브라함이다. 그는 마태복음 1장 1절에서 예수님의 족보를 기록할 때 "아브라함과 다윗의 자손 예수 그리스도의 계보"라고 하는 구절에서도 언급된다. 그가 이렇게 하나님께 귀하게 쓰임받은 것은 어떤 위대한 업적을 남긴 사람이기 때문이 아니다. 그는 하나님 나라의 구속사에서 예수 그리스도를 예표하는 인물 중 가장 중요한 역할을 했기 때문이다. 특히 하나님께서 아브라함을 어떤 시대, 어떤 상황에서 믿음의 조상으로 택하시고 역사하셨는가를 아는 것은 모든 그리스도인에게 매우 중요하다. 하나님이 과연 어떤 분이신지 가장 잘 보여 주는 사건들이기 때문이다.

아브라함의 이야기는 그리스도께서 태어나시기 2천여 년 전 '우르'라는 고대 도시를 배경으로 시작된다. 갈대아 우르는 남부 메소포타미아 지역에 위치하고 있었으며, 최초의 도시 문명을 이룩한 고대 수메르제국의 주요 도시들(키쉬, 우룩, 우르) 중 하나다. 우르는 바닷가에 위치한 크고 번성한 도시였고 거대한 평원에 비옥한 농경지들도 있어 광활한 목초지가 필요한 유목민들에게 딱 맞는 곳이었다.

역사상 가장 발달한 문명이라고 하는 곳에 가면 반드시 우상들이 가득하다. 우르도 그랬다. 고고학자들의 발굴 작업에 따르면 우르에는 수많은 우상의 신전들이 존재했다. 그들의 물질적인 풍요가 우상숭배로 연결되어 있었던 것이다. 이처럼 문명의 발달은 인간의 성취를 보여 줌과 동시에 하나님을 등지고 헛된 우상을 섬기는 타락한 문명의 증거이기도 하다. 결국 우르는 바벨론제국에 의해 몰락했다.

이러한 우르에 아브라함이 등장했다. 이것은 역사적으로도 매우 중요한 사건이다. 바로 그가 이스라엘 민족의 조상이면서 동시에 성경의 새로운 역사를 시작한 인물이기 때문이다. 창세기 1-11장까지의 역사는 '모든 인류'가 그 대상이었다. 하나님의 창조와 타락, 홍수 심판, 바벨탑 사건 등은 전 인류의 역사라 할 수 있다. 그런데 11장 후반부에 아브라함이 등장하고부터는 한 개인과 그 후손들에게 성경의 역사가 집중된다. 이는 하나님께서 한 사람을 구별하고 선택하심으로 새로운 역사를 시작하셨다는 것을 보여 준다. 아브라함과 함께 전 인류의 역사를 새롭게 하시는 하나님의 새 출발인 것이다.

당시는 노아 홍수가 있은 지 400년쯤 되었을 때다. 노아의 후손들은 각지로 흩어져 번성하고 있었다. 야벳의 후손들은 북쪽으로 가서 유럽과 아시아에 정착했고, 인도 유럽어족의 토대를 놓았다. 함의 후손들은 메소포타미아 남쪽 갈대아 평원에 정착했고, 다른 곳에서 찾아볼 수 없는 문명의 발달을 이루었다. 그런데 이 함의 후손들 가운데 셈의 후손이 들어왔다. 그러더니 우르라는 도시 근처 초원지대에 정착했다. 셈의 후손들은 함의 후손들의 영향을 받아 우상을 숭배했다. 결국 셈의 순수한 신앙은 사라지고 말았다.

이러한 상황에서 아브라함은 우르에서 태어나 성인이 되었다. 아브라함은 영적으로 가장 어두운 시대, 어두운 도시에서 택함을 받았다. 이처럼 시대가 가장 어두울 때 하나님은 반드시 사람을 준비하신다. 그렇기 때문에 아무리 어두운 시대라 할지라도 나라와 민족의 미래에 대해 절망해서는 안 된다. 그때야말로 하나님께서 일하고 계시는 순간이기 때문이다.

하나님은 나라와 민족을 하나님 역사의 차원으로 한 단계 끌어올릴 사람을 준비하고 계신다. 이방 신전의 우상숭배로 가득한 우르에서 아브라함을 준비하셨듯이, 외식과 위선으로 가득한 유대 산헤드린 공회 아래에서 바울을 준비하셨듯이, 중세 교회의 한복판에서 루터를 준비하셨듯이, 하나님은 당신의 역사를 이끌어 갈 새로운 믿음의 사람을 준비하신다.

심판받아 마땅한 이 땅에
새 시작을 준비하셨다

하나님은 우르에 사는 아브라함이라는 한 사람을 택하셨다. 여기에는 세 가지 중요한 배경이 있다.

첫 번째 배경은 홍수 심판이다. 노아 시대는 하나님께서 온 세상을 진멸하셔야 했을 만큼 부패했다. 우상으로 가득했고, 사람들은 하나님을 떠났다. 그러나 하나님은 그중에서 의인 노아를 택하시고, 그 후손들을 살려 주셨다. 그리고 그들을 통해 새로운 인류를 시작하셨다. 그렇다면 하나님은 왜 홍수 심판을 통해 부패한 땅을 멸하심으로 역사를 종결하지 않으신 걸까? 그것은 소망의 하나님께서 새 일, 곧 새로운 역사를 일으키고자 소망을 가지셨기 때문이다.

그런데 끔찍한 홍수 심판을 경험하고서도 타락한 인간의 마음은 변하지 않았다. 하나님은 이러한 인간을 대하시는 방법으로 '언약'을 사용하셨다. 언약을 통해 인간의 마음속에 믿음을 심으셔서 하나님의 은혜로우신 구원의 역사를 받아들일 수 있도록 해 주신 것이다. 노아가 은혜를 입은 자로서 의인이 되어 구원받은 것처럼, 하나님께서 맺어 주신 언약에 순종하면 은혜를 입은 자가 되는 것이다.

노아가 자녀들에게 한 예언은 앞으로의 역사에 매우 중요한 열쇠와도 같다.

∞ 또 이르되 셈의 하나님 여호와를 찬송하리로다 가나안은 셈의 종이 되고 하나님이 야벳을 창대하게 하사 셈의 장막에 거하게 하시고 가나안은 그의 종이 되게 하시기를 원하노라

노아는 셈의 하나님 여호와를 찬송했다. 성경에서 하나님을 가리켜 어떤 특정 인물의 하나님이라고 소개된 것은 "셈의 하나님"이 최초다. 그만큼 성경은 셈의 후손들을 하나님께서 축복하시는 자손으로 기록한다. 하나님은 셈 족을 선택하셔서 친밀한 관계를 맺으셨고 은혜를 베푸셨다. 하나님은 나중에도 언약을 맺으실 때마다 "나는 네 하나님이 되고 너는 내 백성이 되리라"고 하셨는데, 이것은 셈을 통해 그 역사를 시작하신다는 것이다. 이 은혜는 셈 한 사람에게만 주어지는 것이 아니라 셈의 장막을 통해 모든 사람에게 확대된다. 셈 족을 통해 그들이 먼저 누린 축복이 다른 민족들에게로 흘러가도록 계획하신 것이다.

여기서 한 가지 주목할 점은 함의 아들 가나안이 셈의 종이 된다는 대목이다. 이것은 세상적으로 노예를 의미하는 것이 아니다. 고대의 강력한 정복 국가들은 오히려 함 족, 즉 가나안의 후손에서 나왔다. 노아가 셈을 축복한 것은 셈을 높인 것이 아니라 셈의 하나님 여호와를 찬송한 것이다. 하나님께서 영광 받으실 '어떤 일'로 셈이 축복을 받은 것이다.

그렇다면 그 '어떤 일'이란 무엇일까? 바로 셈의 후예인 아브라함이 예언의 말씀의 주인공이 되는 것이다. 노아의 예언은 시간이 지나 아브라함의 때에 열매를 맺었다. 그 예언의 핵심은 땅의 모든 족속이 셈의 후손 아브라함을 통해 하나님의 복을 얻게 된다는 것이다.

두 번째 배경은 창세기 11장에 기록된 바벨탑 사건이다. 노아의 후손들은 시날 평원에 정착하여 벽을 쌓아 성을 만들고 하늘까지 닿는 탑을 건설하고자 했다. 그 목적은 자기 민족이 온 지면에 흩어지지 않게 하려는 것이었다.

> ∞ 또 말하되 자, 성읍과 탑을 건설하여 그 탑 꼭대기를 하늘에 닿게 하여 우리 이름을 내고 온 지면에 흩어짐을 면하자 했더니 창 11:4

인간이 성을 쌓고 바벨탑을 건설한 이유는 두려움 때문이다. 그래서 흩어지지 않고 서로 힘을 모아 안전을 추구한 것이다. 탑은 집합 장소의 표시이며, 무리가 서로 흩어지지 않고 함께할 수 있도록 돕는 상징물 역할을 한다. 그들은 성을 쌓고 바벨탑을 건설하면 이 땅에서 멸망하지 않고 안전하게 살 수 있겠다고 생각했다. 이는 가인이 하나님의 임재를 떠나 방황하다가 놋 땅에 정착하여 성을 쌓은 것과 같은 원리다.

인간들이 힘을 합하여 성을 쌓고 탑을 쌓는 것이 왜 문제인가? 그것은 하나님의 목적과 명령에 노골적으로 불순종하는 것이기 때문에 매우 큰 문제라 할 수 있다.

하나님은 아담에게 생육하고 번성하라고 말씀하셨다. 땅을 정복하고 땅에 충만하고 땅을 다스리라고 명령하셨다. 그러면 그들은 하나님의 보호하심을 믿고 순종함으로 온 땅으로 흩어져야 했다. 그것이 하나님의 목적이었다. 그런데 인간들은 두려움 때문에 흩어지기는커녕 도시를 만든 것도 모자라 그 안에 하늘까지 닿는 높은 탑을 세우기로 했다. 하나님의 보호하심을 믿지 않고 스스로를 보호하려고 한 것이다.

또한 인간들이 바벨에서 성을 쌓고 탑을 올린 이유는 스스로를 높이기 위함이었다. 시날 평원에서 인간의 이름을 드러내고 오직 인간을 위해, 인간의 힘으로, 인간에 의해 세워지는 나라를 꿈꾼 것이다. 하나님을 완전히 배제한 도성을 쌓고자 한 것이다. 가인이 지은 최초의 도시와 노아의 후손이 시날 땅 평원에 쌓은 성과 탑은 타락한 인류가 만든 공동체적 죄의 결과다.

이처럼 인간이 하나님의 말씀을 믿지 않을 때는 두려움이 찾아오고, 두려움이 있을 때는 언제나 불필요한 행동을 한다. 만일 당시 사람들이 하나님의 말씀을 믿고 순종했다면 과감하게 땅을 정복하고 탐험하고 다스리는 사명을 감당해야 했다. 두려움 때문에 땀을 흘려 성을 쌓고 탑을 세우는 인간들의 모습은 하나님께서 의도하신 복된 삶이 아니었다. 이런 불필요한 행동 때문에 인간은 도리어 복을 누리지 못하는 삶을 살게 된 것이다.

성경은 이 긴 기간의 이야기를 매우 간결하게 기록하고 있지만, 그 기록을 통해 분명한 교훈을 준다. 바로 심판으로는 사람의 본성이 변하지 않는다는 것이다. 하나님의 그 무서운 홍수 심판으로도 사람의 본성은 변하지 않았다. 바벨탑을 쌓는 모습에서 홍수 전에 가졌던 본성이 그대로 살아 있음을 알 수 있다. 살아남은 노아의 후손들마저 홍수 심판 이전으로 되돌아가고 말았다. 결국 하나님은 인간의 전적인 부패가 바벨탑 사건으로 표출되었을 때 그들을 흩어 버리신다.

그러나 소망의 하나님은 새로운 시작을 준비하셨다. 이번에도 타락한 인류를 심판으로 끝내지 않으시고 그들을 죄 가운데서 은혜로 구원하기를 원하셨다. 이를 위해 흩으신 사람들 가운데 한 사람을 선택하고 주목하셨다. 그가 바로 아브라함이다. 하나님은 창세기 3-11장까지 나타난 문제의 해결책으로 아브라함을 택하셨다. 그리고 마치 아담과 노아에게 하셨던 것처럼, 새로운 인류의 조상인 것처럼 아브라함을 대하셨다.

아담에게는 에덴동산을 주셨지만 아브라함에게는 가나안 땅을 약속하신다. 아담에게는 생육하고 번성하라고 말씀하셨는데, 아브라함에게는 그의 후손이 하늘의 별과 같이 많아질 것이라고 약속하신다. 이러한 하나님의 약속은 바벨탑을 쌓은 이들이 추구했던 것과 정반대다. 인간들은 자신들의 이름을 내고 스스로 높아지고자 '인간의 나라'를 추구했지만, 하나님은 아브라함에게 하나님 당신이 높임받으실 '하나님 나라'를 약속하셨다.

가장 열악한 환경에서
가장 아름다운 작품을 만드신다

하나님이 아브라함을 택하신 세 번째 배경은 그의 가정환경이다. 창세기 11장 27-32절의 말씀은 하나님이 왜 이 시대에 아브라함을 택하셨는지 그 배경을 우리에게 알려 준다.

첫째, 아브라함의 가정은 우상을 숭배했다.

∞ 여호수아가 모든 백성에게 이르되 이스라엘의 하나님 여호와께서 이같이 말씀하시기를 옛적에 너희의 조상들 곧 아브라함의 아버지, 나홀의 아버지 데라가 강 저쪽에 거주하여 다른 신들을 섬겼으나 수 24:2

이교도 가정의 아들은 하나님께 택함받지 못할 것이라고 생각하지 않는가? 믿음의 조상을 세우시는 과정인데 이왕이면 대대로 하나님을 잘 섬기고 경외하는 가정에서 사람을 택하여 부르시는 것이 걸맞다고 생각하지 않는가? 예를 들어 욥과 같이 말이다. 그는 동방의 의인이요 하나님을 경외하던 노아의 후손이다. 그런데 하나님은 욥에게는 불같은 고난을 주셔서 믿음의 능력을 보이시더니, 아브라함처럼 우상을 섬기는 집안 사람은 오직 하나님의 은혜로 의롭게 되는 믿음의 조상으로 부르셨다. 즉, 우상을 숭배하던 가정의 아브라함을 믿음의 조상으로 택하심으로 하나님께서 얼마나 위대하고 전능한지를 보여 주셨다. 하나님은 가장 열악한 환경에서 가장 아름다운 작품을 만들어 내는 예술가시다.

둘째, 아브라함의 가정은 가족의 죽음이라는 고난을 겪었다.

∞ 데라의 족보는 이러하니라 데라는 아브람과 나홀과 하란을 낳고 하란은 롯을 낳았으며 하란은 그 아비 데라보다 먼저 고향 갈대아인의 우르에서 죽었더라 창 11:27-28

아브라함의 아버지 데라에게는 세 자녀가 있었다. 아브라함과 나홀과 하란이다. 그런데 아브라함이 고향인 갈대아 우르에 살 때 형제 하란이 먼저 죽었다. 인생에서의 가장 큰 스트레스는 가족의 죽음이다. 하나님께서 아브라함을 부르신 첫 번째 시점은 형제 하란이 죽은 직후일 가능성이 크다. 사도행전에 등장하는 스데반의 설교에 따르면 하나님께서 아브라함을 부르신 것은 갈대아 우르에 있었을 때다.

> ◇◇ 스데반이 이르되 여러분 부형들이여 들으소서 우리 조상 아브라함이 하란에 있기 전 메소보다미아에 있을 때에 영광의 하나님이 그에게 보여 이르시되 네 고향과 친척을 떠나 내가 네게 보일 땅으로 가라 하시니 아브라함이 갈대아 사람의 땅을 떠나 하란에 거하다가 그의 아버지가 죽으매 하나님이 그를 거기서 너희 지금 사는 이 땅으로 옮기셨느니라 행 7:2-4

즉 하나님은 형제의 죽음을 겪었을 때 아브라함을 처음으로 부르신 것이다.

수학자이자 철학자인 파스칼은 어느 날 마차에서 떨어져 죽을 뻔했다. 이 경험이 그의 인생을 완전히 바꾸어 버렸다. 평생 이성을 의지하던 사람이 하나님께 대한 직감대로 행동하기 시작했다. 이처럼 깊은 정신적 고통은 하나님의 부르심을 잘 감지할 수 있는 마음과 귀를 열어 준다. 파스칼은 자신의 삶에 대한 막연한 불안감이 있다면 하나님께서 부르고 계신 분명한 증거일 수 있다고 했다. 우리의 삶에서 가장 불안하고 괴로운 순간에 하나님은 우리를 부르고 계신다. 성경에서 하나님의 부르심은 무엇인가에 불안을 느끼는 사람들에게 주로 나타났다. 불안은 하나님의 부르심이 있기 이전에 나오는 요소다. 하나님의 부르심을 받은 이후가 평강이라면 그 이전은 불안이다.

셋째, 아브라함의 가정은 자녀를 낳을 수 없었다.

∞ 사래는 임신하지 못하므로 자식이 없었더라 창 11:30

하나님 나라의 큰 민족을 이루려면 자녀가 많은 사람을 부르셔야 맞는 것 아닌가? 그러나 하나님은 모든 민족의 조상이자 복의 통로가 될 사람으로 자녀를 낳지 못하는 가정을 부르셨다. 그분은 무에서 유를 창조하시는 분이기 때문이다. 하나님은 아무것도 갖추어지지 않은 곳, 인간적인 관점으로는 절대 불가능의 상황에서 새로운 일을 만들어 내시는 전능자다.

하나님이 사람을 부르실 때는 그가 가진 능력이나 자원은 전혀 고려 요소가 되지 않는다. 오히려 하나님은 부르심의 목적과 정반대의 상황에서 일하신다. 아브라함도 상황만 놓고 보자면 하나님의 목적과 완전히 정반대의 상황에 있었다. 왜 이렇게 아무것도 갖추어지지 않은 상황 속에 있는 사람을 부르시는가? 하나님께서 전능하신 하나님임을 보여 주시기 위해서다. 전능자의 그늘 아래 머무는 이가 어떤 은혜와 복을 누리는지를 보여 주시기 위해서다.

> ∞ 지존자의 은밀한 곳에 거주하며 전능자의 그늘 아래에 사는 자여, 나는 여호와를 향하여 말하기를 그는 나의 피난처요 나의 요새요 내가 의뢰하는 하나님이라 하리니 시 91:1-2

하나님은 아브라함을 통해 우리를 지극히 높으신 분의 비밀스러운 곳으로 초대하신다. 그곳에는 믿음의 사람만이 들어갈 수 있다. 이를 위해 하나님은 당신의 손을 내미실 것이다. 그리고 그 전능자의 손을 믿음으로 붙잡는 사람들만 그분의 그늘 아래로 이끄실 것이다.

하나님은 타락한 인류 가운데서 노아, 그의 후손 중 셈, 셈의 후손 가운데 아브라함이라는 한 사람을 선택하셔서 전능하신 그분의 은혜와 능력을 보이셨다. 하나님은 심판으로 종결될 수밖에 없는 인류 가운데서 한 혈통을 구별하시고 하나님의 은혜의 역사를 이어 가셨다. 그리고 이 구별된 혈통을 친히 축복하사 그 장막을 통해 모든 민족에게 하나님의 은혜와 구원이 전해지도록 하셨다. 이러한 하나님의 선택과 부르심에 아브라함은 순종함으로 따라나섰다. 청교도 아더 핑크

(Arthur Pink) 목사는 이 사건을 이렇게 설명했다.

"전능하신 분의 힘이 그와 함께 역사했고, 감당할 수 없는 은혜(invincible grace)가 그의 마음을 정복했다."

2장. 지금 필요한 건
성공이 아니라 순종이다

_____ 창세기 12:1-6

하나님은 타락한 인류를 포기하지 않으시고 그들을 구원하는 새로운 역사를 시작하기 위해 아브라함을 부르셨다. 어떤 방법으로 부르셨는지는 알 수 없다. 다만 성경에 "여호와께서 아브람에게 이르시되… 내가 네게 보여 줄 땅으로 가라"(창 12:1)고 기록되어 있을 뿐이다. 그런데 아브라함은 단지 "가라"고 하시는 하나님의 말씀을 듣고 순종했다. 그의 이러한 성품이 정말 놀랍지 않은가?

하나님의 부르심은 우리에게 거부할 수 없는 명령으로 다가온다. 순종하지 않으면 안 되는 강권함이요 결코 포기하지 않으시는 그분의 의지다. 사실 부르심이란 하나님 입장에서

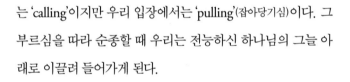

는 'calling'이지만 우리 입장에서는 'pulling'(잡아당기심)이다. 그 부르심을 따라 순종할 때 우리는 전능하신 하나님의 그늘 아래로 이끌려 들어가게 된다.

믿음은 친숙한 것으로부터
분리를 요구한다

하나님의 부르심을 따라 내딛는 아브라함의 믿음의 첫 발

걸음은 어려웠다. 아브라함에게 믿음은 분리(separation)를 의미했다. 물질적으로는 풍성했으나 우상을 숭배했던 고향을 떠나 새로운 삶을 향해 나아가야 했던 것이다.

> ◇◇ 데라가 그 아들 아브람과 하란의 아들인 그의 손자 롯과 그의 며느리 아브람의 아내 사래를 데리고 갈대아인의 우르를 떠나 가나안 땅으로 가고자 하더니 하란에 이르러 거기 거류하였으며 창 11:31

데라의 가정은 고향인 갈대아 우르를 떠났지만, 중간 지점인 하란에 머물러서 더 이상 움직이지 않았다. 공교롭게도 도시 이름이 데라의 죽은 아들 하란과 똑같았다. 데라가 이곳에서 머무른 이유가 아들을 그리워하는 마음과 관련이 있었을 것이라고 충분히 생각할 수 있다. 또한 하란은 갈대아 우르와 문화가 비슷했기 때문에 그 친숙한 문화권을 떠나고 싶지 않았던 이유도 있었을 것이다. '하란'은 교차로라는 뜻이다. 데라는 교차로에서 그냥 머무르기를 원했다.

그러나 믿음은 분명한 분리를 요구한다. 믿음의 삶은 우주의 창조자이신 전능하신 하나님과의 관계에 따라 좌우되는 것이다. 우리의 생각이나 주변 사람들의 견해, 시대적 상황에 의해 좌우되지 않는다. 아브라함은 아버지 데라가 하란에서

205세에 죽자 75세에 그곳을 떠났다. 하나님께서 다시 그를 부르신 것이다. 창세기 12장 1-3절의 내용이 아브라함이 하란에서 들은 하나님의 음성이라면, 그는 두 번째 하나님의 말씀을 듣고 순종한 것이다.

◇◇ 여호와께서 아브람에게 이르시되 너는 너의 고향과 친척과 아버지의 집을 떠나 내가 네게 보여 줄 땅으로 가라 창 12:1

하나님은 아브라함에게 목적지를 구체적으로 알려 주시지 않았다. 그저 "내가 네게 보여 줄 땅으로 가라"고만 하셨다. 그러니 그는 여행을 하면서 최후 목적지에 도착할 때까지 한 걸음 한 걸음 하나님께서 인도해 주실 것을 믿어야 했다.

믿음으로 순종하는 자에게 복을 주신다

믿음은 하나님께서 나를 통해 이루실 무언가를 바라보는 것이다. 믿음은 내 삶을 하나님께 의탁하는 순간적인 결단일 뿐 아니라, 내 삶에서 하나님의 뜻이 성취되는 것을 향해 여행하는 여정이기도 하다. 즉 아브라함은 익숙했던 삶에서 분리하라는 하나님의 명령을 받았을 때, 그 명령을 따라 걸어가는 자신을 통해 하나님께서 이루실 무언가를 바라본 것이다.

실제로 하나님은 아브라함이 우상에 빠져 있던 옛 생활과 자신을 분리하고 믿음으로 걸음을 뗄 때 창세기 12장 2-3절의 말씀을 이루겠다고 약속하신다.

> ∞ 내가 너로 큰 민족을 이루고 네게 복을 주어 네 이름을 창대하게 하리니 너는 복이 될지라 너를 축복하는 자에게는 내가 복을 내리고 너를 저주하는 자에게는 내가 저주하리니 땅의 모든 족속이 너로 말미암아 복을 얻을 것이라 하신지라
>
> 창 12:2-3

하나님의 부르심은 이 땅에서의 삶을 불결하게 여기고 전혀 다른 세계로 떠나라는 명령이 아니다. 오히려 그 반대다. 하나님은 그가 이 땅에서 큰 민족의 아버지가 될 것이고, 창대케 될 것이며, 모든 민족이 그로 말미암아 축복을 얻게 될 것이라고 말씀하신다. 그를 자수성가시키겠다는 말씀이 아니다. 하나님께서 아브라함을 축복하기로 작정하고 친히 이루겠다고 맺으신 언약이다.

이 말씀에는 '복'이라는 단어가 다섯 번이나 등장한다. 홍

수 직후 노아에게 주신 말씀을 제외하고 창세기 1-2장 이후로 복에 대해 거의 듣지 못했던 것을 생각하면 참 대조적이다. 오히려 이전에는 심판과 저주가 더 자주 등장했다. 창세기 3-11장까지 말씀을 보면 '저주'라는 단어가 모두 여섯 번 나온다. 그런데 이 짧은 세 구절에서 '복'이 다섯 번 연이어 나오는 것은 의미가 크다. 이것은 하나님이 아브라함을 통해 죄의 영향력과 저주 가운데 있는 세상을 역전시킬 것이라는 사실을 내비치신 것이다. 인간에게 임한 어두운 저주의 그늘을 전능하신 하나님의 은혜의 그늘로 바꾸어 주시겠다는 것이다. 죄의 영향력 아래 살아가고 있는 이들을 거룩한 하나님의 복의 영향력으로 바꾸어 주시겠다는 선포다. 이처럼 하나님은 창세기 3-11장까지의 어두움을 걷고 저주를 씻어 내시겠다는 의지로 복을 연이어 선포하고 있는 것이다.

하나님께서 아브라함에게 약속하신 것을 보면 인간이 바벨탑을 쌓으며 스스로의 힘으로 얻고자 한 것들이다. 그런데 하나님은 아브라함에게 은혜로 이 모든 것을 주겠다고 약속하신다. 아브라함에게 약속된 도시는 하나님께서 직접 건축하신 도성이다. 히브리서 11장 10절에서 아브라함은 하나님께서 친히 설계하고 건축하신 견고한 터 위에 세워진 도시를 바라보았다고 기록하고 있다(《우리말성경》 참조). 또한 아브라함을 통해 땅의 모든 족속이 복을 받게 하시는 것도 하나님이

시다. 이처럼 하나님은 약속의 말씀을 주시면서 계속해서 "내가"를 반복하신다. 하나님의 주권을 강조하시는 것이다

또한 이 언약의 말씀을 통해 하나님의 관심은 모든 족속이라는 것을 알 수 있다. "땅의 모든 족속이 너로 말미암아 복을 얻을 것이라"는 말씀에서 등장하는 땅은 창세기 1장 1절에 등장하는 '아레츠'(땅)가 아니라 창세기 3장 17절에서 '저주받은 땅'을 가리킬 때 쓴 '하아다마'를 사용했다. 이는 선택하신 아브라함과 그의 후손을 통해 이 땅에 임한 저주를 제거하시겠다는 의미가 포함되어 있는 것이다.

창세기 12장 1-3절을 다시 풀어 쓰면 다음과 같다.

이제 여호와께서 아브람에게 이르셨다.

나가라.

너의 본토로부터

너의 친척으로부터

너의 아버지의 집으로부터

내가 네게 지시할 땅으로

내가 너로 큰 민족을 이루도록

그래서 내가 네 이름을 창대케 하도록

그리고 축복이 되게 하도록

그래서 너를 축복하는 자에게 내가 복을 내리고

(너를 멸시하는 자에게는 내가 저주하도록)

그러면 땅의 모든 족속이 너로 말미암아 복을 얻을 것이다.

이에 아브람이 갔고 롯도 갔다.

　본문은 "나가라"라는 명령과 아브라함과 롯이 순종해서 "갔다"는 사실을 나타내는 구조다. 그리고 세 번에 걸쳐 '~로부터'가 반복된다. 갈수록 더 친밀한 것으로부터 분리를 요구하신다는 사실을 알 수 있다. 본토로부터, 친척으로부터, 아버지의 집으로부터 분리되어야 한다. 이는 '복을 위한 분리'다. 하나님은 당신의 뜻 가운데에서 당신의 목적을 바라보고 세상과 죄와 분리되어 믿음으로 순종하는 자에게 복을 주신다. 이를 위해서는 반드시 거룩한 분리가 있어야 한다.

　아브라함을 가게 하시는 하나님의 목적도 세 번 반복된다. 내가 "큰 민족을 이루도록", "네 이름을 창대케 하도록", "축복이 되게 하도록" 가라는 것이다. 마지막 절은 절정에 이른다. "땅의 모든 족속이 너로 말미암아 복을 얻을 것이다." 이 말씀을 보면 아담에게 주신 복의 말씀과 아브라함에게 주신 복의 말씀에 유사한 면이 있다는 것을 알 수 있다. 그것은 땅의 모든 족속을 바라보고 있다는 것이다. 땅을 정복하고 충만하고 다스리도록 계획하신 하나님의 목적과 땅의 모든 족속이 복을 얻게 하시려는 하나님의 목적은 서로 연결되어 있다.

이 말씀에 나타난 하나님의 계획은 두 단계로 요약된다. 첫 번째 단계는 아브라함을 크고 강대한 민족으로 세우고 복 주시는 것이다. 두 번째 단계는 모든 족속이 아브라함을 통해 복을 받는 것이다. 아브라함이 먼저 복의 수혜자가 되어 크고 강대한 민족을 이룬 후에, 그 민족을 복의 전달자, 중개자로 사용하셔서 모든 민족과 열방에게 그 복을 나누어 전하시겠다는 것이다. 하나님은 아브라함이 복의 전달자가 되게 하기 위해 먼저 복을 체험하게 하신다. 그래서 3절에서 "너를 축복하는 자에게는 내가 복을 내리고 너를 저주하는 자에게는 내가 저주하리니"라고 하셨다.

아브라함에게 약속된 구체적인 복의 내용은 세 가지다. 첫째는 큰 민족을 이루어 주시는 것이고, 둘째는 땅을 주시는 것이고, 셋째는 복의 근원이 되게 해 주시는 것이다. 실제로 창세기 12장 이후 나타난 아브라함의 삶을 보면 이 모든 복이 그대로 이루어졌다. 아브라함의 가정은 점점 부강해졌고, 25년 만에 자녀도 얻었다. 그가 이러한 복을 받은 것은 그의 삶이 훌륭했기 때문이 아니다. 단지 하나님의 목적 때문에 선택받았을 뿐이다.

우리가 실패할 때도
하나님은 포기하지 않으신다

하나님이 아브라함에게 주신 약속의 말씀에서 우리는 하나님의 복의 법칙을 발견할 수 있다.

첫째, 하나님은 복을 먼저 체험하게 하시고 전달해 주라고 하신다. 하나님은 받지도 않은 복을 전하고 나누라고 하지 않으신다. 내가 가지지 않고, 경험해 보지 않은 것을 다른 사람에게 전하는 것은 불가능하다. 하나님께서 우리에게 요구하시는 선교는 내가 받은 복을 전하는 '전달자'가 되는 것이다.

하나님께서 교회에 주신 복은 선교다. 재정이 많이 남아 선교하는 것이 아니다. 선교해야 하기 때문에 하나님께서 재정을 채우시는 것이다. 아브라함을 통해 보여 주신 영적 법칙은 분명하다. 하나님의 복은 언제나 온 열방을 향해 나아가는 것이다.

둘째, 하나님의 복은 언제나 작은 것에서 시작하여 점점 확장되어 간다. 즉 복은 언제나 한 사람을 통해 모든 사람에게 나아간다. 하나님은 처음부터 큰 것을 주시지 않는다는 뜻이다. 모든 복에는 씨앗이 있다. 아브라함의 가족은 모든 민족에게 복 주시려는 계획을 이루는 하나님의 '씨드 멤버'다. 하나님께서 한 사람에게 주신 복은 결코 그 한 사람에게 이기적으로 머물지 않는다. 성경을 보면 하나님의 복을 받은 사람이 있으면 반드시 그 주변 사람들까지 복 받는 것을 보게 된다. 하나님의 복 자체가 선교적이다.

셋째, 하나님의 복은 믿음과 순종으로 누리게 된다. 아브라함은 이렇게 복을 받고 전달하는 사람이 되기 위해 고향과 친척과 아버지의 집을 떠나라는 명령에 순종해야 했다. 그랬을 때 하나님은 그를 통해 모든 민족에게 복을 주셨다. 물론 아브라함이 모든 상황에 순종하지는 못했다. 그도 불순종할 때가 있었고 실패할 때도 많았다. 그러나 하나님은 아브라함을 버리거나 복을 거두지 않으셨다. 그가 실패할 때마다 약속을 되풀이해서 알려 주셨다. 아브라함을 포기하지 않으셨던 하나님께서 그를 통해 약속을 이루신 것이다. 모든 민족에게 복 주시려는 하나님의 계획은 오늘날도 먼저 하나님의 나라와 의를 구하며 그분의 약속에 순종하는 자를 통해 전해지고 있다.

따라서 우리는 구약을 읽어 나갈 때 반드시 하나님께서 아브라함에게 주신 약속의 렌즈를 통해서 읽어야 한다. 구약은 하나님께서 이 약속을 어떻게 이루셨는지를 보여 주는 기록이기 때문이다. 따라서 어떤 인물, 어떤 사건이 등장해도 이 약속이 한 나라와 개인의 삶을 통해 어떻게 이루어지고 있는지를 살펴보아야 한다.

갈라디아서 3장 29절에서는 "너희가 그리스도의 것이면 곧 아브라함의 자손이요 약속대로 유업을 이을 자니라"고 했다. 아브라함의 하나님이 나의 하나님이심을 믿는 자들은 아브라함과 함께하신 전능하신 하나님의 그늘을 경험하게 된다. 예수 그리스도 안에서 이 약속은 여전히 우리에게 유효하다. 이 약속에 믿음으로 참여하기를 결단하면 비록 우리는 연약할지라도 하나님께서 이 약속을 이루실 부르심의 자리로 날마다 인도하실 것이기 때문이다.

3장. 하나님의 은혜는
우리의 실패를 넘어선다

_____ 창세기 12:10-20

믿음의 삶은 결코 쉽지 않다. 그 이유는 전능하신 하나님을 따르는 일이며, 내게 익숙한 습관과 사고방식, 익숙하게 살아왔던 모든 것으로부터의 분리를 요구하기 때문이다. 우리는 하나님이 나와 같을 것이라고 착각하고 그분을 인간이 측정할 수 있는 수준 정도로 내려다보려고 하는 경향이 있다. 때문에 믿음의 삶이 힘들다. 그러나 믿음은 우리 생각으로 예측할 수 없는 길을 따라가는 것을 의미한다. 믿음의 삶은 오직 하나님께서 당신 자신을 어떻게 우리에게 나타내 보여 주시는지를 통해서만 살 수 있다.

그럼에도 이 땅에 수많은 사람이 자신만의 옳고 그름의 기준을 세워 놓고 살아가는 모습을 보면 너무나 놀랍다. 자신이 익숙한 것을 옳다고 믿고 주장하기 때문이다. 그들에게 옳은 것은 진짜 옳은 것이 아니라 다만 익숙해진 것일 뿐이다. 그러나 믿음의 삶은 단지 익숙하기 때문에 옳다고 여겼던 것들로부터 떠나게 한다. 그래서 믿음의 삶이 어려운 것이다. 우리는 하나님을 끌어내려 나에게 익숙한 수준으로 만들고 싶어하지만, 전능하신 하나님은 우리를 끌어올려 익숙한 것과 결별하게 하신다. 그리고 하나님을 믿고 따르는 삶으로 인도하신다.

하나님은 믿음으로 살고자 하는 우리의 첫걸음을 축복하

신다. 하물며 어린아이가 태어나서 첫걸음을 내디딜 때에도 부모들은 얼마나 기뻐하는가. 세상에 그런 기적이 없다. 그 기적을 목격한 부모는 주변의 많은 사람에게 이 사실을 전한다. 한 걸음 두 걸음 걷다가 쓰러진 아이를 정죄하거나 판단하는 부모는 없다. 이제 한 걸음을 내디뎠다는 것으로 감사하며 앞으로 마음껏 달려 나갈 아이의 모습을 소망할 뿐이다.

아브라함이 갈대아 우르를 떠난 것은 아이가 첫걸음을 내디딘 것이다. 마라톤을 할 수 있는 믿음까지 가기에는 아직 멀었지만 하나님은 아브라함의 첫 믿음을 축복하셨다.

하나님의 친구로서 사는 삶은 예배하는 삶이다

아브라함은 하나님께서 약속하신 땅으로 이동했으나 곧바로 그 땅에 정착하지는 못했다. 그곳에는 이미 가나안 사람들이 거주하고 있었기 때문이다(창 12:6). 그들은 아브라함이 그 땅을 차지하는 것을 반대하는 세력들이다. 사도행전 7장 5절에 보면 하나님께서 아브라함에게 "여기서 발 붙일 만한 땅도 유업으로 주지" 않으셨다고 한다. 아브라함은 단지 그 땅을 통과하는 수준에만 머물렀다.

그럼에도 하나님은 그곳에서, 계속해서 아브라함에게 나타나셨다. 그리고 "이 땅을 네 자손에게 주리라" 하시며 구체적으로 말씀해 주셨다. 이것은 하나님께서 노아의 홍수 심판 이후에 처음으로 나타나신 것이다.

> ◇◇ 여호와께서 아브람에게 나타나 이르시되 내가 이 땅을 네 자손에게 주리라 하신지라 자기에게 나타나신 여호와께 그가 그곳에서 제단을 쌓고 거기서 벧엘 동쪽 산으로 옮겨 장막을 치니 서쪽은 벧엘이요 동쪽은 아이라 그가 그곳에서 여호와께 제단을 쌓고 여호와의 이름을 부르더니 창 12:7-8

하나님은 약속을 온전히 이루어 주시기 전에 우리에게 먼저 예배를 훈련하고 요구하신다. 전능자의 그늘 아래 머무는 삶은 예배의 삶이다. 가인은 하나님 앞을 떠나 성을 쌓았다. 하나님을 떠난 인생은 가는 곳마다 성을 쌓지만, 이런 성은 아무리 높게 쌓아도 불안하다. 그러나 아브라함은 가는 곳마다 제단을 쌓고 하나님을 예배했다. 그는 가나안 땅으로 들어와 세겜에 단을 쌓았고, 거기서 남쪽으로 더 내려가 벧엘과 아이 사이에서도 단을 쌓고 여호와의 이름을 부르며 예배했다. 그리고 다시 남쪽으로 내려갔다. 아브라함은 지상 어느 지역보다 더 타락한 땅에서 하나님을 증거하는 자로 살며 계속해서 거처를 옮겼다.

그러면서 아브라함은 북쪽에서 네게브 광야까지 내려가며 하나님께서 약속하신 땅을 전체적으로 다 살펴보는 것과 같은 여행을 했다. 이 시기 아브라함의 생애에서 가장 중요한 일은 그저 여행하는 것이었다. 다른 특별한 일은 없었다. 고향 갈대아 우르라는 안정된 도시 생활을 떠나 한 번도 살아 보지 않은 낯선 땅 가나안으로 이주하여 이동하고 있는 것이다.

그의 여행은 요즘처럼 낯선 곳에 대한 호기심으로 떠나는 것이나, 경제적인 발전에 대한 욕구 때문이 아니다. 그가 여행하는 것은 오직 한 가지 이유, 하나님의 부르심 때문이었다. 하나님께서 그의 삶에 개입하셔서 낯선 곳으로 여행을 떠나게 하시고 그에게 계속해서 나타나심으로 그의 삶을 인도하셨다. 그리고 그는 그 낯선 여정에서 제단을 쌓고 예배를 드렸다. 이것은 '하나님의 친구'라고 불렸던 아브라함이 믿음으로 살아가는 첫 번째 과정이었다.

믿는다고 해서
사람이 하루아침에 변화되지는 않는다

그때 그 땅에 흉년이 들었다. 아브라함은 가족을 이끌고 애굽으로 내려갔다. 이것에 대해서는 두 가지 해석이 엇갈린다.

첫째, 내려간 것 자체가 잘못이며 불신앙의 행동이었기 때문에 아브라함의 가정에 큰 고난이 생겼다는 해석이다. 그 증거로 애굽에 내려간 뒤에는 하나님께서 아브라함에게 나타나셨다거나 제단을 쌓았다는 기록이 없다. 하나님께 드리는 예배 없이 하나님께서 주신 훈련의 기회를 회피하고 인본주의적 방법으로 문제를 해결하려고 하니 큰 위기가 찾아온 것이다.

둘째, 당시 아브라함은 혼자가 아니라 많은 식구를 이끄는 부족 지도자요, 아직 가나안 땅의 나그네였을 뿐이기에 애굽으로 내려간 것은 어쩔 수 없는 선택이었다는 해석이다. 그때 아브라함은 네게브 지역 곧 사막 지역을 여행하고 있었기 때문에 흉년은 그의 부족에게 매우 큰 타격을 입혔을 것이다. 많은 식구의 식량을 해결하기 위해 어떤 신속한 결정을 내려야 했는데, 그가 할 수 있는 결정은 애굽으로 내려가는 길뿐이었다. 다만 문제는 애굽에서 그가 한 잘못된 행동이다. 그는 애굽에서 아내를 누이라 속이고 위험을 모면하려고 했다. 그러나 그 일로 아내를 빼앗길 뻔했다.

이러한 해석은 둘 다 틀리지 않다. 어떤 이유로든 하나님의 지시 없이 약속의 땅을 벗어났으니 이는 잘못이다. 그것은 아직 아브라함이 약속의 땅에서 흉년을 견딜 만한 믿음의 훈련이 되지 못했다는 반증이다. 여기서 애굽으로 내려간 것은 어쩔 수 없는 선택이었다고 하더라도 그가 그곳에서 벌인 일은 아주 큰 잘못이다.

당시 애굽 사회는 11왕조 시대로 잘 통제된 국가가 아니었다. 그래서 이방인들에게까지 안정적인 치안을 제공하기는 어려운 사회였다. 아브라함은 애굽에 내려가면서 아내 사라에게 이렇게 말했다.

"보시오. 당신은 용모가 아름다운 여인임을 내가 알고 있소. 애굽 사람들이 당신을 보고 '이 여인이 아브람의 아내구나' 하며 나는 죽이고 당신은 살려 줄지 모르오. 부탁이오, 당신이 내 여동생이라고 해 주시오. 그러면 당신 때문에 그들이 나를 잘 대접할 것이고 당신 덕에 내가 살게 될 것이오."

사실 아브라함의 이러한 제안은 완전 거짓말은 아니다. 사라는 아브라함의 이복누이로서 아내가 된 것이기 때문에 절반은 사실이다. 그러나 어쨌든 이 방법은 아브라함이 자기 목숨을 유지하기 위해서 꾀를 낸 것이다. 아내를 빼앗기는 것에 대한 두려움보다는 자신의 생명을 잃을 것에 대한 두려움이 훨씬 앞섰던 비겁한 행동이다. 또한 이것은 하나님의 보호하심을 신뢰하지 못한 행동이기도 하다. 그래서 인간적인 방법과 수단으로 위기를 모면해 보려고 한 것이다.

하나님의 계시를 받고 믿음으로 부르심에 순종하여 우르에서 가나안 땅까지 이동하는 결단을 내린 아브라함이 어떻게 이런 비겁한 일을 했을까? 여기에서 우리는 하나님의 계시에 의해서 믿음이 시작되었을지라도 삶의 모든 문제와 관계에 대하여 사람의 인격이 하루아침에 올바르게 변화되는 것은 아니라는 사실을 알 수 있다.

사실 아브라함의 이러한 모습은 그 시대의 문화와 사상으로 볼 때는 크게 문제가 없었다. 어떻게 보면 합리적인 결정으로 보인다. 오히려 그렇게 하지 않는 것이 이상할 정도다. 어느 누가 그 상황에 처했더라도 다른 선택은 없었을 것이다. 그러나 하나님의 관점에서 이것은 분명한 믿음의 탈선이다. 하나님이 약속하신 땅으로부터 벗어났기 때문이다.

하나님은 아브라함을 복의 통로로 삼기 위해서 그와 하나님 자신을 은혜의 약속으로 묶으셨다. 이때부터 약속을 받은 아브라함의 삶은 모든 선택이 하나님과 맺어진 언약에 비추어서 판단된다. 따라서 아브라함이 기근을 피해 애굽으로 내려간 것은 그가 할 수 있는 최선의 행동이었을지라도 믿음의 탈선인 것이다. 그의 최선은 세상이 말하는 최선이었다. 세상은 상황에 얼마나 잘 대처했는가를 따져 최선을 다했는지를 평가한다. 그러나 부르심을 받은 사람에게 최선의 기준은 '상황'이 아니라 '부르심의 약속'이다. 전능자의 그늘 아래 머무는 삶의 가장 중요한 특징은 삶의 모든 해석의 기준이 하나님의 약속이어야 한다는 것이다. 하나님은 상황에 얼마나 잘 대처했는가를 보시는 것이 아니라, 어떤 상황이든 부르심의 약속을 잘 붙잡고 인내했는가를 보신다.

안타깝게도 아브라함은 당시 사상과 문화에서 벗어나지 못하고 있었다. 세속적인 가치관과 인생관에 물들어 있었다. 이처럼 어떤 사람이 믿음생활을 시작했다고 해서 갑자기 모든 생각과 삶이 완전히 거룩하게 되는 것은 아니다. 그리스도 안에서 새로운 피조물이 된다는 것은 믿는 순간 완전히 새로운 피조물로 변화되는 체험을 하는 것은 아니다. 이것은 하나님의 선언으로 시작된다.

믿음은
성숙이 뒷받침 되어야 한다

그렇다면 하나님은 이러한 사건을 통해 아브라함에게 무

엇을 가르치고자 하신 것일까? 그것은 아브라함이 가지고 있던 당시 세속적인 가족관, 인생관, 가치관까지 아주 세세하게 고쳐 주시고자 했던 것이다. 아브라함을 믿음의 조상으로 부르신 하나님은 그가 당시 시대적인 사상과 문화에 얽매여 있는 것을 그대로 두시지 않았다. 위험에 처하게 하심으로써 시대의 오랜 구습으로부터 새로워지도록 역사하신 것이다. 하나님의 부르심을 받고, 땅을 선물로 받고, 믿음의 조상, 새로운 족속의 조상이 되는 비전을 받았지만, 그 큰 비전은 부부관계와 인간관계에서의 성숙이 뒷받침되어야 한다는 것이다.

아브라함 시대가 갖고 있었던 부부관의 가장 큰 문제는 남편이 이렇게 말도 안 되는 거짓말을 요구해도 아내는 아무런 문제제기도 하지 못한 채 그냥 순종해야 했다는 것이다. 하나님은 아브라함이 아내 사라를 이러한 태도로 바라본다는 사실을 문제 삼으셨다.

위기의 상황에서 아내를 먼저 생각하기보다 자기 생명을 먼저 지키려 했던 이기적인 태도가 근본적으로 잘못되어 있다는 사실을 알게 하신 것이다. 그리고 이런 태도를 고치시기 위해서 지금의 상황에 처하게 하셨다. 아브라함의 이러한 비겁한 행동은 스스로를 지킬 권리만 주장하고 정작 지켜야 할 책임과 의무를 저버린 행동이다.

당시 남성 중심의 사회에서 많은 남편이 아내에 대하여 함부로 대하고 있는 것이 얼마나 큰 문제였는지를 그대로 보여주고 있다. 아브라함은 이 위기를 통해 하나님의 교훈을 들었을 것이다.

"아브라함아 배워라. 너는 네 아내에 대한 남편의 의무가 무엇인지를 바로 알아야 하겠다."

하나님께서 아브라함을 하나님의 친구요 믿음의 조상으로 부르실 때는 함께 동거하는 아내를 진심으로 사랑하고 그 아내에 대한 책임과 의무를 다하는 믿음으로 먼저 부르신 것이다. 남편들의 믿음은 아내에게 평가받는다. 다른 사람들에게 다 좋은 점수를 받아도 아내에게 좋은 점수를 받지 못하는 믿음은 하나님께서 인정하시지 않는다.

바로는 결국 사라를 자신의 왕궁으로 불러들였다. 아브라함은 사라 덕분에 융숭한 대접을 받고 양과 소와 나귀와 여러 하인들까지 얻게 되었다. 아브라함이 이를 기뻐했는지 슬퍼했는지는 모르지만 어쨌든 그는 이 일로 더욱 부하게 되었다. 그러나 사라는 매우 위험한 상황에 처하고 말았다.

∞ 여호와께서 아브람의 아내 사래의 일로 바로와 그 집에 큰 재앙을 내리신지라 창 12:17

아브라함의 잘못된 행동에도 불구하고 하나님은 직접 바

로에게 개입하셔서 사라와 그 가정을 보호하셨다. 그 이유는 무엇일까?

첫째, 하나님께서 아브라함과 사라를 통해 자손을 주겠다고 약속하셨기 때문이다. 또한 너를 축복하는 자는 축복하고 저주하는 자는 저주하겠다고 약속하셨기 때문이다. 하나님은 이러한 약속을 신실하게 지키시기 위해서 보호해 주신 것이다.

둘째, 부르심을 받은 사람은 아브라함만이 아니라 그의 아내 사라도 함께라는 것을 깨닫게 하시기 위해서다. 아브라함을 믿음의 조상으로 부르셨을 때는 사라도 믿음의 어머니로 함께 부르신 것이다. 그 어떤 이유로도 사라에게서 하나님의 약속을 받은 아브라함의 아내라는 특별한 지위를 빼앗을 수 없다는 것이다.

아브라함은 가족을 이끌고 애굽으로 내려가면서 이러한 일로 큰 수치를 당했다. 아내를 보호해야 하는 남편의 의무를 저버렸을 뿐만 아니라 하나님을 모르는 이방인들로부터 도리어 책망을 받고 수모를 당해야 했던 것이다. 아브라함은 하나님을 모르는 세상 앞에 하나님을 아는 자로서 진실하고 경건한 증인이 될 수 있는 기회를 놓쳤다. 그러나 동시에 그는 하나님으로부터 큰 영적 훈련을 받았다. 그는 이 일을 통해 아내를 진실로 사랑하는 남편이 되어야 한다는 것과, 시대의 악습을 따르지 않고 하나님께서 짝지어 주신 아내를 사랑하며 살아야 한다는 것을 배웠을 것이다.

> ◇◇ 남편들아 이와 같이 지식을 따라 너희 아내와 동거하고 그를 더 연약한 그릇이요 또 생명의 은혜를 함께 이어받을 자로 알아 귀히 여기라 이는 너희 기도가 막히지 아니하게 하려 함이라 벧전 3:7

또한 그는 애굽도 하나님께서 다스리시는 통치 영역이라는 것을 깨달았을 것이다. 약속하신 가나안 땅에서 이루어지는 하나님의 통치와는 다른 성격이지만 이곳도 하나님께서 통치하시는 영역이었다. 하나님은 바로에게 나타나시고 애굽에 재앙을 내려 사라를 보호하는 역사를 이루셨다. 아브라함은 하나님의 증인으로 사는 데 실패했지만, 하나님은 신실함과 능력으로 아브라함과 사라를 지키셨다.

이처럼 하나님은 아브라함의 믿음의 탈선에도 불구하고 주신 약속을 신실하게 지키고 이루어 가셨다. 아브라함이 실패할수록 더욱 크신 은혜와 능력으로 역사하셨다.

하나님의 은혜에 실패가 필요하다는 말은 아니다. 다만 하나님은 인간의 실패를 넘어 은혜로 역사하신다. 인간의 죄와 허물은 하나님의 전능하신 능력과 계획을 무너뜨릴 수 없다.

비록 인간은 믿음의 탈선을 행하여도 하나님은 다시 돌아오
게 하시는 은혜와 구원의 역사로 인간을 변화시키신다.

Part 2

믿음이 사라질 때,

언약을 주시다

4장. 하나님의 섭리가
우리 삶을 이끈다

_____ **창세기 13:5-18**

아브라함은 가나안 땅을 다닐 때는 두려움을 느끼지 않았다. 그런데 애굽에 내려가면서 두려움을 느꼈다. 객관적으로 보면 당시 애굽 사람들보다는 가나안 사람들이 더 음란하고 더 추악했다. 그런 가나안에서도 두려움 없이 잘 지내던 아브라함이 왜 애굽을 두려워했던 걸까?

그 이유는 가나안 땅에서는 하나님께서 아브라함에게 나타나셨기 때문이다. 그리고 그곳에서 아브라함은 제단을 쌓고 하나님 앞에 응답하는 예배를 드렸기 때문이다. 비록 가나안 땅은 악했지만 아브라함은 예배 가운데 두려움이 없었다. 그런데 기근이라는 시험 앞에 흔들리면서 그는 예배를 잃어

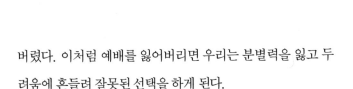

버렸다. 이처럼 예배를 잃어버리면 우리는 분별력을 잃고 두려움에 흔들려 잘못된 선택을 하게 된다.

삶의 위기를 통과한 후
처음 예배가 회복되었다

하나님께서 첫 번째로 아브라함에게 나타나신 것은 가나안 땅에 들어와서다. 하나님께서 첫 번째로 자신을 감추신 것

은 그가 애굽으로 내려갔을 때다. 그리고 아브라함은 이제
애굽에서의 큰 위험을 뒤로하고 다시 가나안 땅으로 되돌아
온다.

> ◇◇ 아브람이 애굽에서 그와 그의 아내와 모든 소유와 롯과 함
> 께 네게브로 올라가니 아브람에게 가축과 은과 금이 풍부하
> 였더라 창 13:1-2

우리가 여기에서 눈여겨보아야 할 것은 그가 가나안 땅으
로 되돌아올 때 가축과 은과 금이 풍부해졌다는 대목이다. 애
굽에서 아브라함이 보인 부정적인 모습 때문에 이 점을 소홀
히 생각하기 쉬우나, 이것은 하나님께서 아브라함에게 주신
약속이 그를 통해 이루어지고 있다는 사실을 보여 준다. 복을
주어 창대하게 하시겠다는 약속을 이루신 것이다.

아브라함이 실수했기 때문에 이러한 부유함이 주어진 것
이 아니다. 비록 믿음의 탈선은 있었지만 하나님의 약속이 신
실하게 이루어졌기 때문에 부유해진 것이다. 하나님께서 약
속하신 대로 많은 자손이 번성하게 되려면 재물이 필요하기
때문이다. 이러한 부유함은 후에 조카 롯이 소돔에서 그돌라
오멜의 동맹국에 잡혀갔을 때 아브라함이 뒤쫓아 가서 다시
되찾아 오는 일에 큰 힘이 된다.

∞ 그가 네게브에서부터 길을 떠나 벧엘에 이르며 벧엘과 아이 사이 곧 전에 장막 쳤던 곳에 이르니 그가 처음으로 제단을 쌓은 곳이라 그가 거기서 여호와의 이름을 불렀더라 창 13:3-4

아브라함은 가나안 땅으로 돌아온 후 전에 장막을 쳤던 벧엘과 아이 사이에 도착했다. 이곳은 전에 그가 처음으로 제단을 쌓고 하나님을 예배했던 곳이다. 그곳에서 아브라함은 다시 여호와의 이름을 부르며 예배했다. 예배가 다시 회복된 것이다. 말씀에서 "전에", "처음으로"라는 단어를 사용한 이유는 아브라함의 영적 회복을 의미하는 것이다.

아브라함은 애굽에서의 실패를 깊이 깨닫고 하나님의 부르심 앞에 다시 나아오게 되었다. 큰 죄를 짓고도 하나님의 은혜로 살아서 돌아온 뒤, 처음 하나님께서 나타나셨던 장소에 다시 돌아가서 드리는 예배가 그에게 얼마나 감격이었겠는가! 이전에 가나안 땅에서 드렸던 예배보다 더 큰 감격이었을 것이다.

이때부터 벧엘은 하나님과의 관계를 회복하는 자리가 되었다. 후에 야곱이 형 에서와 아버지 이삭을 피해 도망가던 중에도 하나님은 이 벧엘에 나타나셔서 그를 만나 주신다. 또한 야곱은 고난을 겪은 후 벧엘로 돌아가라는 하나님의 말씀을 듣고 이곳으로 돌아와 예배드린다. 우리에게도 벧엘이 있어야 한다. 우리의 삶에서 체험한 하나님의 임재를 회복하는 영적 장소가 있어야 한다.

아브라함이 벧엘에서 여호와의 이름을 부르며 예배를 회복한 체험은 그 후 일어난 롯과의 갈등을 해결하는 계기가 되었다. 아브라함은 애굽 이주를 통하여 자신이 받은 부르심의 독특함을 확인했다. 창세기 12장 1-3절에서 주어진 하나님의 약속의 신성함과 엄위하심을 깊이 생각하게 되었다는 것이다.

> ◇◇ 여호와께서 아브람에게 이르시되 너는 너의 고향과 친척과 아버지의 집을 떠나 내가 네게 보여 줄 땅으로 가라 내가 너로 큰 민족을 이루고 네게 복을 주어 네 이름을 창대하게 하리니 너는 복이 될지라 너를 축복하는 자에게는 내가 복을 내리고 너를 저주하는 자에게는 내가 저주하리니 땅의 모든 족속이 너로 말미암아 복을 얻을 것이라 하신지라 창 12:1-3

우리의 실수에도
하나님은 섭리를 보여 주신다

애굽에서 나올 때 생긴 많은 재물 때문에 아브라함과 롯

사이에 갈등이 일어났다. 아브라함의 양치기들과 롯의 양치기들 사이에 싸움이 일어난 것이다. 가진 것들을 다 수용하기에는 그들이 함께 머무는 땅이 너무 좁았다. 결국 아브라함은 롯에게 이별을 권한다. 친족끼리 싸우는 것이 근처에 살던 가나안 원주민들 보기에 수치스러운 일이라고 생각한 것이다. 대신 롯에게 선택권을 주어 먼저 원하는 곳을 선택하여 가도록 했다.

지금까지 아브라함이 조카 롯과 동행한 이유는 아마도 먼저 죽은 동생 하란에 대한 책임감 때문이었을 것이다. 하란을 대신하여 자신이 롯을 돌보아 주어야 한다는 의무감 때문이었을 것이다. 그런데 아브라함은 이제 그 책임감과 의무감에서 벗어나도 되는 때가 왔다고 생각했다. 게다가 서로의 목자들이 다투는, 합당해 보이지 않는 사건도 벌어졌다. 그러니 결별이 마땅하겠다는 결론에 이르렀을 것이다.

그러나 이러한 것들은 표면적인 이유일 뿐이다. 아브라함에게서 일어나는 모든 사건의 해석은 창세기 12장 1-3절에서 주어진 하나님의 약속을 기준으로 해야 한다. 하나님은 그에게 "너는 너의 고향과 친척과 아버지의 집을 떠나 내가 네게 보여 줄 땅으로 가라"고 하셨다. 이는 아브라함과 사라 부부에게 주신 말씀이다. 즉 하나님께서 가나안 땅을 유업으로 주신 사람은 아브라함과 사라인 것이다. 여기에 롯은 해당되지 않는다. 하나님은 아브라함 한 사람을 통해 새로운 민족을 일으키기 원하셨지, 롯까지 믿음의 조상으로 부르신 것이 아니다. 믿음의 조상으로 부름받아 약속을 따라 걸어가야 하는 사람으로서 아브라함에게 롯은 떠나보내야 하는 사람이었던 것이다.

재물의 풍족함이 만들어 낸 목자들끼리의 싸움과 그로 인한 아브라함과 롯의 결별은 우연한 일이 아니다. 궁극적으로 롯이 아브라함에게서 분리되어야 하는 사람이었다는 하나님의 섭리를 보여 주는 사건이었다. 이러한 분리도 사실은 하나님의 섭리다. 하나님은 아브라함이 그가 연결되어 있던 모든 과거의 것으로부터 철저하게 분리되기를 원하셨다. 이는 매우 의미 있고 심각한 결별이다. 경건한 성경학자들은 아브라함이 애굽으로 내려간 데는 롯도 한몫을 했을 것으로 본다. 그래서 롯이 떠나야 하는 것이 마땅하다고 본다.

∞ 여호와께서 자기를 위하여 경건한 자를 택하신 줄 너희가 알
지어다 내가 그를 부를 때에 여호와께서 들으시리로다 시 4:3

아브라함은 먼저 롯에게 땅을 선택할 수 있도록 배려했다. "네가 좌하면 나는 우하고 네가 우하면 나는 좌하리라"(창 13:9) 하면서 조카에게 선택권을 먼저 주었다. 이때 아브라함의 제

안은 분명 너그러운 마음이다. 그러나 그것은 너그러울 뿐이다. 때로 너그러운 마음 때문에 더 큰 문제가 일어나는 경우도 많다.

아브라함의 너그러움 때문에 그는 또 하나님의 약속을 위험에 빠트릴 뻔했다. 이미 아브라함은 애굽에 내려가서 아내를 누이라고 거짓말함으로써 '후손의 약속'을 위험에 빠뜨린 적이 있다. 그런데 이번에는 '땅에 대한 약속'을 위험에 빠뜨린 것이다. 그는 어떤 땅이라도 조카 롯에게 내어 줄 너그러운 마음이 있었지만, 만일 롯이 가나안 땅을 선택했다면 하나님께서 자신에게 주신 기업을 내버리는 꼴이 되고 마는 것이다. 또한 롯이 훗날 모압과 암몬 족의 조상이 된다는 것도 문제의 심각성을 알려 준다. 훗날 모세가 가나안을 정복할 때 가장 어렵게 한 족속이 바로 요단 동편에 있던 모압과 암몬인데, 그들이 롯의 후예다.

물론 하나님은 롯이 가나안 땅을 선택했더라도 바로의 꿈에 나타나셨던 것처럼 직접 역사하시어 아브라함이 다시 가나안 땅을 차지하도록 하셨을 것이다. 실제로 아브라함의 너그러운 실수가 있었지만 다행히 하나님의 약속은 곤경에 빠지지 않았다. 왜냐하면 롯이 가나안 땅에 관심이 없었기 때문이다.

롯이 장막을 치고 정착한 땅은 소돔 평야였다. 물론 롯 역시 소돔 땅이 악한 줄 알고 있었을 것이다. 그러나 그는 물질적인 이기심을 포기하지 못했다. 그는 땅을 선택할 때 하나님의 부르심과 약속을 기준 삼지 않고 눈으로 보기에 풍요로운 땅을 골랐다. 그는 땅을 고르기 전에 하나님께 나를 위해 선택해 두신 것이 무엇이냐고 묻지 않았다. 전적으로 육체의 정욕과 이생의 자랑에 의해 내린 결론이다. 롯은 자기 자신을 위하여, 눈에 보이는 좋은 것을 선택했다.

결국 그는 그돌라오멜에게 포로로 잡혀갔고, 후에는 소돔과 고모라가 불타면서 모든 것을 잃었다. 아내는 소금 기둥이 되고 딸들은 타락한 소돔의 영향을 받아 모압과 암몬 족속의 조상이 되었다.

믿음은 동서남북을 바라보고
다녀 보는 것이다

하나님은 아브라함이 고향과 친척과 아버지의 집을 떠날 때마다 약속을 주셨다. 창세기 12장 1-3절의 약속은 아브라함이 데라와 하란에 함께 살다가 이별하고 가나안 땅으로 갈 때 주셨다. 조카 롯과 이별하고 난 직후에도 하나님은 아브라함에게 약속을 확인하셨다. 또 그의 독자 이삭과 기꺼이 이별을 감수할 정도의 믿음을 보신 직후(창 22:15-18) 하나님은 그에게 마지막 약속을 확인해 주셨다. 이것은 말씀에 순종함으로 따른 결정에 잘했다고 인정해 주신 것이다.

> ∞ 롯이 아브람을 떠난 후에 여호와께서 아브람에게 이르시되 너는 눈을 들어 너 있는 곳에서 북쪽과 남쪽 그리고 동쪽과 서쪽을 바라보라 보이는 땅을 내가 너와 네 자손에게 주리니 영원히 이르리라 내가 네 자손이 땅의 티끌 같게 하리니 사람이 땅의 티끌을 능히 셀 수 있을진대 네 자손도 세리라 너는 일어나 그 땅을 종과 횡으로 두루 다녀 보라 내가 그것을 네게 주리라 창 13:14-17

하나님은 항상 하나님을 향하여 구별된 자에게 가까이 다가오신다. 하나님은 롯이 아브라함을 떠난 후에 다시 생생히 말씀하셨다. 인간적으로는 남은 혈육마저 떠나는 것이 매우 외로웠을지 모르지만 오직 하나님만을 바라보는 믿음의 사람으로서는 이러한 분리와 구별은 반드시 필요하다.

하나님은 아브라함에게 두 가지를 하라고 말씀하셨다. 첫째는 바라보는 것이다. 둘째는 다녀 보는 것이다. 하나님께서 약속하신 땅을 바라보고, 그 땅을 다녀 보라고 말씀하셨다. 믿음에는 이 두 가지가 포함된다. 특히 다녀 본다는 것은 마치 자신이 완전히 소유권을 가진 것처럼 그 땅을 대하도록 하신 것이다.

만약 부모가 어린 자녀를 장난감 상점으로 데리고 가서 무엇이든 고르는 것을 사 주겠다고 한다면 어린 자녀의 기분은 어떻겠는가. 그 상점의 모든 물건이 다 자기 것인 양 만지면서 좋아할 것이다. 하나님께서 아브라함에게 그 땅을 바라보고 다녀 보라고 하신 것은 다 네 것인 것처럼 만져 보라는 의미다.

그러면서 하나님은 자손에 대한 약속을 반복하셨다. 자손이 땅의 티끌처럼 많게 하겠다고 하셨다. 이 말씀을 듣던 당시 아브라함에게는 단 한 명의 자손도 없었다. 아내 사라는 자식을 낳을 수 없는 몸이었다. 아브라함이 그 사실을 모를 리 없었다. 그러나 믿음은 하나님의 약속을 붙잡고 동서남북을 바라보고 다녀 보는 것이다. 현재는 아무것도 이루어지지 않았을지라도, 내 눈에는 척박해 보이는 땅이라 할지라도 동서남북을 바라보고 다녀 보는 믿음으로 약속을 붙잡고 나아갈 때 하나님의 약속은 현실이 된다.

5장. 전쟁에서 이기는 건
믿음에 달렸다

_____ 창세기 14:11-16

하나님의 약속을 따라 우르를 떠나 가나안 땅으로 이동한 아브라함은 아직 정착할 곳을 얻지 못한 채 나그네로만 살아가야 했다. 그 땅을 얻기 전에 먼저 훈련되어야 할 것이 있었기 때문이다.

첫째는 예배의 삶이다. 예배란 하나님의 나타나심에 대한 우리의 반응이다. 놀라우신 하나님께서 나타나셨을 때 우리의 마땅한 반응은 놀라는 것이다. 영광스러운 하나님께서 나타나셨을 때 우리의 마땅한 반응은 하나님께 영광을 돌리는 것이다. 위대하신 하나님께서 나타나셨을 때 우리의 마땅한 반응은 위대하신 하나님을 찬양하는 것이다.

둘째는 고난을 맞이했을 때 상황이 아니라 믿음으로 약속을 붙잡고 걸어가는 삶이다. 아브라함은 애굽으로의 여행을 통해 이 두 가지를 깊이 깨달았을 것이다.

하나님의 인도하심은 한 걸음씩 주어진다. 믿음이 견고해진 만큼 한 걸음 더 나아갈 수 있도록 인도해 주시는 것이다. 우리는 하나님께 전체 청사진을 달라고 요구하지만 하나님은 우리에게 지도와 나침반을 주시고 한 걸음씩 나아가도록 하신다. 그러니 우리는 상황마다 하나님의 약속을 붙잡고 한 걸음씩 걸어가야 한다.

약속을 따라 믿음으로 걸어가다 보면 세상의 거대한 세력과 맞서게 된다. 아브라함은 기근을 피해 애굽으로 잠시 내려갔을 때 세상의 세력과 맞서는 경험을 했다. 그런데 이제 또 다른 세력과 만나게 된다. 바로 북쪽의 메소포타미아 세력이다.

믿음은 거대한 세상 권력 앞에서도 담대케 한다

당시 약속의 땅 가나안은 두 개의 큰 세력, 큰 문명 사이에 낀 땅이었다. 애굽 문명과 메소포타미아 문명이다. 그래서 그 땅을 'The Land Between'이라고 부른다. '사이에 낀 땅'이라는 의미다.

창세기 14장에는 아브라함이 헤브론에 살고 있을 때 메소포타미아에 속하는 국가들이 가나안 땅으로 내려와 정복전쟁을 벌이는 이야기가 나온다. 특히 북방연합국가들이 트란스요르단(요단강과 사해 동편)을 정복한 대규모 정복 전쟁에 대한 기록과 이 전쟁에서 아브라함이 어떤 일을 했는지 이야기해 준다.

고고학적인 연구에 따르면 이 정복전쟁에 의해 북방 왕들이 휩쓸고 지나간 지역들은 폐허가 되었다고 한다. 이 사건은 B.C. 20세기 말엽에 일어난 것으로 추정된다. 창세기 14장 1-9절까지를 보면 어느 나라의 어느 왕이 전쟁을 했는지와 그 전쟁의 이유를 상세하게 기록하고 있다. 이를 표로 정리해 보면 다음과 같다.

북방연합군		남방도시국가연합군 (사해 남동부 지역)	
국가	왕	국가	왕
시날	아므라벨	소돔	베라
엘라살	아리옥	고모라	비르사
엘람	그돌라오멜	아드마	시납
고임	디달	스보임	세메벨
		소알	벨라

엘람은 오늘날 이란의 조상으로, 당시 북방연합군의 중심이었다. 그런데 사해 남동부 근처에 모여 살던 다섯 개의 도시국가들이 12년 동안 엘람 왕 그돌라오멜을 섬기다가 13년 되는 해에 반역을 일으켜 조공을 거부했다. 이때 그돌라오멜이 '이 조그만 도성 사람들이 참 괘씸하구나. 이들을 가만히 두어서는 안 되겠다. 이 기회에 남부 지역을 정복해야겠다'는 야심을 가지고 동맹을 맺고 있던 주변 북방 왕들을 결집하여 남쪽으로 쳐내려온 것이다.

∞ 소돔 왕과 고모라 왕과 아드마 왕과 스보임 왕과 벨라 곧 소알 왕이 나와서 싯딤 골짜기에서 그들과 전쟁을 하기 위하여 진을 쳤더니 엘람 왕 그돌라오멜과 고임 왕 디달과 시날 왕 아므라벨과 엘라살 왕 아리옥 네 왕이 곧 그 다섯 왕과 맞서니라 창 14:8-9

드디어 북방연합군이 반역을 일으킨 도성들에게 이르렀다. 사해 근처 싯딤 골짜기에서 사해 남동부 지역 다섯 왕과 북방에서 내려온 네 왕이 싸움이 붙었다. 사해 남동부 지역이 머릿수는 더 많았지만, 군사력에 있어서는 북방연합군과 비교가 되지 않았다. 북방 왕들은 요단 동편 쪽으로 파죽지세로 밀고 내려와 쑥대밭을 만들어 버렸고, 엘바란까지 내려왔다가 다시 왼쪽으로 올라가 아말렉과 아모리 족속까지 정복한 상태였다. 긴 여행을 했음에도 불구하고 북방군 진영의 군사력과 사기는 지칠 줄 몰랐다. 사해 남동부 지역 군사들은 싯딤 골짜기에 배수진을 치고 저항해 보았지만 도리어 소돔과 고모라 왕이 도망치다가 역청 구덩이에 빠지는 처참한 패배를 겪게 되었다.

이때 소돔에 살고 있던 롯이 포로로 잡혀갔다. 헤브론에서 평안하게 잘 정착해 살고 있던 아브라함에게 어느 날 한 사람이 달려와서 롯에 대한 급변을 고했다. 우리는 이 대목을 보면서 '하나님은 왜 성경에 이 전쟁의 결과를 기록했는가?'를 생각해야 한다.

첫 번째로 생각해야 할 점은 이 전쟁에 의한 결과로 소돔과 고모라의 멸망을 기록했다는 것이다. 소돔과 고모라를 비롯한 남방 지역의 도시국가들의 이름, 아드마, 스보임, 소알은 노아에게 저주받은 가나안의 후손들이 살던 지역들이다. 결국 그돌라오멜이 이끄는 북방연합군이 소돔과 그 일대 도시국가들을 정복한 사건은 소돔 땅에 하나님의 심판이 임한 사건이라고 볼 수 있다. 그리고 롯은 하나님의 심판이 일어나기 직전에 그 땅으로 들어간 셈이다. 하나님은 악한 자를 징벌하실 때에 더 악한 자를 사용하시기도 한다.

두 번째로 생각할 것은 '소돔 땅의 멸망 소식을 듣고 아브라함이 어떻게 반응했는가?'다. 아브라함은 이 소식을 듣고 놀랍게 반응한다.

∞ 아브람이 그의 조카가 사로잡혔음을 듣고 집에서 길리고 훈련된 자 삼백십팔 명을 거느리고 단까지 쫓아가서 그와 그의 가신들이 나뉘어 밤에 그들을 쳐부수고 다메섹 왼편 호바까지 쫓아가 모든 빼앗겼던 재물과 자기의 조카 롯과 그의 재물과 또 부녀와 친척을 다 찾아왔더라 창 14:14-16

아브라함은 조카 롯이 포로로 잡혀갔다는 소식을 듣고 자신의 집에서 싸울 수 있는, 군사로 훈련된 318명과 당시 근처에 동맹을 맺고 있던 마므레의 형제들을 이끌고 함께 헤브론에서 단까지 쫓아 올라갔다. 단은 이스라엘의 북쪽 경계선이라고 할 수 있을 정도로 북쪽 끝이다. 헤브론에서 단까지는 적어도 240킬로미터 정도 되는 거리다.

아마도 북방연합군의 주력 부대는 앞서 가고 후미 부대가 포로들과 짐승들을 천천히 끌고 올라가고 있었을 것이다. 다행히 아브라함은 원정군의 주력 부대와 싸우지 않고 포로를 이끌고 가던 후미 부대를 습격했기 때문에 롯 일행을 구출하는 데 성공했을 것이다.

아브라함은 애굽에 내려갔을 때만 해도 아내의 아름다움 때문에 자신이 위험해 질까봐 두려워하던 사람이었다. 그런데 지금은 그때의 모습을 찾아보기 힘들다. 자기 군사 318명을 이끌고 그 무섭고 막강한 북방연합군을 쫓아가서 롯을 되찾아올 생각을 했다는 것 자체가 기적이다. 아무리 318명이 정예군사라고 할지라도 상대는 소돔과 고모라 등의 남방도시 국가연합군을 짓밟은 그돌라오멜의 군대가 아닌가. 이것은 하나님으로부터 온 능력과 권세가 함께하지 않으면 일어날 수 없는 기적적인 승리다. 마므레 사람들의 도움을 받았더라도 엄청난 기적이다.

아브라함이 살고 있는 헤브론은 산지이기 때문에 비교적 안전한 곳이었다. 가만히 있으면 굳이 북방연합군과 마주칠 일도 없었다. 전쟁에서 이겨 집으로 돌아가는 그들이 굳이 산지로 힘들게 갈 필요가 있었겠는가. 그들은 가능한 한 편안한 길을 선택하여 돌아갔을 것이다. 아브라함은 롯 자신이 잘못 선택하여 그렇게 된 것이니 내가 알 바 아니라고 무관심했을 수도 있다.

그런데 아브라함은 자칫 무모해 보이는 싸움을 자초했다. 감정만 앞세워 전쟁하려 했다가는 자신은 물론 가족도 무사하지 않을 수 있다는 생각을 그가 못 하지 않았을 것이다. 아브라함은 롯과 같이 죽자고 뛰어든 것이 아니다. 아브라함은 자신이 내린 결정이 후에 어떤 위험으로 되돌아올지 모르고 뛰어든 것이 아니다. 그럼에도 불구하고 아브라함이 이런 선택을 했다는 것은 그에게 지금 어떤 변화가 일어나고 있다는 것을 보여 주는 것이다.

어떻게 아브라함은 이러한 용기를 가질 수 있었을까? 그것은 롯이 떠난 후에 하나님께서 나타나셔서 이 땅을 너와 네 자손에게 주었다고 확인해 주셨기 때문이다. 이 땅을 하나님께서 자신과 자신의 후손에게 유업으로 주셨다는 것을 믿게 되었기 때문이다. 그는 자신이 두려워했던 애굽의 바로가 전능하신 하나님의 능력과 권세 앞에서 무릎 꿇는 것을 보면서 모든 나라와 권세가 하나님께 속하여 있음을 경험하고 믿게 되었다. 전능하신 하나님의 능력을 신뢰하는 믿음을 가지게 되었다.

따라서 롯을 구하러 떠난 아브라함의 용기는 하나님의 권세와 능력에 대한 믿음에서 나온 것이다. 믿음이 아니고서는 이러한 선택을 할 수 없다. 약속의 땅으로 하나님께서 부르셨다는 믿음이 있었기에 이러한 결정을 할 수 있었다. 세상적으로는 그돌라오멜 연합군의 세력이 강할지 몰라도 하나님께서 저들을 응징할 것이며 이 전쟁에서 반드시 승리하실 것이라고 확신한 것이다.

이는 자기 부족이 외적으로는 아직 초라해 보이지만 실질적으로는 모든 세상 나라를 파하는 전능하신 하나님께서 다스리시는 나라임을 보여 준 것이다.

하나님께서 자신에게 주신 약속의 기업을 주장하는 담대한 용기를 보인 것이다. 그는 하나님의 보호하심을 믿었기 때문에 더욱 목소리를 높일 수 있었다.

"이곳은 하나님께서 나에게 주신 땅이다. 너희는 이 땅의 백성과 재물을 탐하고 노략하지 못한다. 이 땅은 너희가 마음대로 와서 휩쓸고 가지 못한다. 이 땅은 하나님의 통치와 능력이 나타나는 곳이다."

하나님은 굳건한 믿음으로 도전하는 아브라함을 축복하셔서 롯을 무사히 구출하도록 도우셨다. 그는 이미 318명의 개인 군사도 거느릴 수 있는 민족의 조상이 되어 있었다. 아브라함을 창대하게 하신다는 하나님의 약속은 이루어지고 있었다. 하나님은 아브라함을 당시 가나안 땅의 민족들 가운데서 점점 부강하게 하셔서 이제 그 땅의 소유권을 주장하는 민족으로 나아가도록 만드셨다. 아브라함은 점점 더 그 땅을 향한 하나님의 약속을 자신의 삶 속에서 주장하는 법을 체득해 가고 있었다.

사실 이 전쟁을 통해 아브라함이 얻을 것은 별로 없었다. 소돔을 선택한 조카 롯과 그의 가족을 자유롭게 하는 것 외에 다른 혜택은 아무것도 없었다. 그런데 전쟁에서 이기고 돌아왔을 때 그는 가나안의 영웅이 되어 있었다. 아브라함을 소돔 왕이 나와 영접했고 살렘 왕 멜기세덱이 축복했다. 그는 이번 전쟁으로 가나안 사람들 가운데 명성을 얻어 존귀한 자로 대접을 받았다. 이방인처럼 지내던 생활을 청산하고 가나안 족속 중 한 사람으로 받아들여졌다. 이는 아브라함의 승리가 지극히 높으신 하나님, 천지의 창조주, 전능하신 하나님의 개입으로 가능했던 것임을 알려 주기 위한 것이다. 멜기세덱은 아브라함의 승리의 원인이 그 자신에게 있지 않고 하나님의 함께하심에 있다는 것을 분명하게 알려 주었다. 그는 "당신의 적들을 당신 손에 넘겨주신 지극히 높으신 하나님께 찬양하시오"라고 아브라함의 기억을 상기시켜 주었다. 아브라함이 하나님의 능력으로 이루어진 일이라는 것을 전혀 몰랐던 것은 아니지만 하나님께서 멜기세덱을 통해 명확히 가르쳐 주신 것이다.

> ∞ 그가 아브람에게 축복하여 이르되 천지의 주재이시요 지극히 높으신 하나님이여 아브람에게 복을 주옵소서 너희 대적을 네 손에 붙이신 지극히 높으신 하나님을 찬송할지로다 하매 아브람이 그 얻은 것에서 십분의 일을 멜기세덱에게 주었더라 창 14:19-20

멜기세덱이라는 이름은 '의의 왕'이라는 뜻이고 살렘 왕이니 평강의 왕이다. 히브리서 7장 3절에서는 "아버지도 없고 어머니도 없고 족보도 없고 시작한 날도 없고 생명의 끝도 없어 하나님의 아들과 닮아서 항상 제사장으로 있느니라"고 했다. 이는 신비한 천사 같은 존재라는 것이 아니라 족보와 같은 근거가 없어서 그가 언제 나서 언제 죽고 어디로 갔는지 알 수 없다는 것이다.

분명한 것은 멜기세덱은 아브라함 시대에 하나님을 믿고 있던 또 다른 사람이었다는 것이다. 셈의 경건한 후손들 가운데 하나님 앞에서 전적으로 예배드리며 하나님만을 섬기는 이들이 있었다는 것이다. 멜기세덱이 섬기던 하나님은 아브라함이 섬기던 하나님이다. 지극히 높은 하나님이요 천지의 창조주시다.

아브라함은 지극히 높으신 하나님의 제사장이라고 나타난 멜기세덱에게 창조주 하나님의 축복을 받고 얻은 것의 10분의 1일을 드린다.

한편, 소돔 왕은 아브라함에게 감사하여 "백성은 내게 돌려주고 물건들을 그대가 가지시오"라고 했다.

> ∞ 아브람이 소돔 왕에게 이르되 천지의 주재이시요 지극히 높으신 하나님 여호와께 내가 손을 들어 맹세하노니 네 말이 내가 아브람으로 치부하게 하였다 할까 하여 네게 속한 것은 실 한 오라기나 들메끈 한 가닥도 내가 가지지 아니하리라
>
> 창 14:22-23

아브라함은 소돔 왕으로부터는 전리품을 다 가지라는 말을 듣고도 실오라기 하나도 받지 않겠다고 거절한다. 지극히

높으신 하나님, 창조주 하나님께 맹세하며 왕에 의해 부자가 되었다고 말하지 못하게 하려고 받지 않겠다고 했다. 그의 이러한 믿음의 용기 역시 전능하신 하나님의 능력과 공급하심을 신뢰하게 되었기 때문에 나올 수 있었다. 아브라함의 이러한 태도는 고향과 친척과 아버지의 집을 떠난 믿음에서 이제 가나안 땅의 원주민들, 영적으로 함께할 수 없는 사람에 대하여 분명히 선을 긋고 구별하는 분별력 있는 믿음으로 나아갔음을 보여 준다.

만일 아브라함이 소돔 왕이 주는 전리품을 받으면 이제 곧 하나님께서 멸망시킬 사람들로부터 도움을 받아 부유하게 되는 것이다. 하나님께서 애굽의 바로를 통해서 아브라함을 부유하게 하신 것은 하나님의 뜻 가운데서 이루어진 것이지만, 지금 소돔 왕이 제안하는 것은 하나님의 뜻과 상관없는 일이다.

아브라함은 이 시험에서 승리한다. 그는 소돔 왕에게 속한 것은 실 한오라기나 신발끈 하나도 받지 않겠다고 했다. 소돔 왕이 "내가 아브라함을 부자로 만들었다"라고 말하지 못하게 하기 위해서다. 그가 만일 가나안의 영웅이 되는 것에 만족하여 시험에 넘어갔다면 그는 하나님 나라의 영웅이 되지 못했을 것이다. 아브라함이 소돔 왕과의 관계를 단호히 거절한 것은 영적인 감각이 살아 있는 선택이다. 하나님의 부르심과 약속을 따라 살아가는 아브라함은 이 전쟁을 통해 가나안 땅에서 그 존재감이 명확하게 부각되었다.

6장. 누구에게나 도무지 믿어지지 않는
순간이 온다

_____ 창세기 15:1-6

신앙은 신비다. 신비주의는 잘못된 것이다. 자연법칙을 무시하고 신비한 현상만을 추구하는 것을 하나님은 기뻐하시지 않는다. 그러나 신앙의 세계에는 놀라운 신비가 있다. 피조물인 인간이 창조주이신 하나님의 부르심을 따라 살아갈 때는 반드시 초월적이고 신비로운 일들이 일어난다. '우연처럼 보이는 필연'이라는 신비가 있고, '나의 실패가 도리어 성공이 되어 되돌아오는' 신비가 있다. 전능하신 하나님께서 섭리하시기 때문에 일어나는 일들이다.

하나님은 우리의 모든 일을 미리 다 알려 주시지 않는다. 성공을 미리 알려 주면 교만해지고, 실패를 미리 알려 주면 낙

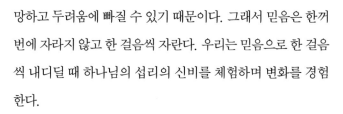

망하고 두려움에 빠질 수 있기 때문이다. 그래서 믿음은 한꺼번에 자라지 않고 한 걸음씩 자란다. 우리는 믿음으로 한 걸음씩 내디딜 때 하나님의 섭리의 신비를 체험하며 변화를 경험한다.

하나님의 부르심을 받은 아브라함의 삶은 신비로운 일들의 연속이었다. 전능자의 그늘 아래 머무는 자들이 체험하는 가장 놀라운 신비는 믿음을 통해 사람이 변화되는 신비다. 변화가 없다는 것은 참된 믿음이 없다는 증거다. 야고보서에서 강조하는 행함은 믿음과 별개가 아니다. 믿음과 행함을 하나로 보고, 참된 믿음을 분별할 수 있는 기준이 행함이라고 말한 것이다. 아브라함에게 참된 믿음의 증거가 행함으로 나타났다. 애굽에 내려가서는 세상 권력에 대한 두려움 때문에 자신의 목숨을 보호하기 위해 아내를 누이라 속였던 아브라함이 애굽보다 더 잔인한 세상 권력들과 담대하게 맞서 싸운 것은 그가 선천적인 용기를 가진 자가 아니라, 전능하신 하나님의 약속과 능력을 전적으로 믿었기 때문이다.

그랬기 때문에 아브라함은 전쟁에서 이기고도 우쭐하지 않았다. 그는 단지 하늘과 땅을 창조하신 지극히 높으신 하나님, 전능자의 그늘 아래 머무는 자로서 하나님을 높이며 살아가게 되었다. 잠시 세상의 성공으로 우쭐해져서 그 모든 일을 가능하게 하신 하나님 앞에 겸손을 잃어버리는 것만큼 두려운 일은 없다. 아브라함이 이러한 위험에 빠지지 않은 것이 얼마나 큰 축복인가!

그런데 창세기 15장은 두려워하는 아브라함의 모습으로 시작한다. 비록 318명을 데리고 승리했지만 적군은 엄청난 강대국들의 연합군이었기에 곧 무서운 보복이 다가올 수 있다고 생각하니 두려울 수밖에 없었던 것이다. 그러나 승리가 하나님의 도우심 때문이었다면 그 이후도 아브라함은 하나님의 도우심과 보호하심을 믿어야 했다.

에드워드 화렐(Edward Farrell)은 믿음의 세 가지 장애물을 가리켜 "망각, 관성, 내일"이라고 말했다. 인간은 하나님께서 과거에 신실하게 역사하신 것을 '망각'하고, 하나님의 약속대로 행하기보다 '관성'에 젖어서 살아가며, 어린아이 같은 철저한 신뢰를 '내일'로 계속 미룬다는 것이다. 창세기 14장에서의 아브라함의 승리는 하나님께서 함께하셨기 때문에 이룰 수 있었다. 앞으로도 계속 하나님께서 함께하신다면 내일도 승리할 수 있다. 그러나 과거 하나님의 은혜를 망각하면 미래에 대한 믿음이 무너진다.

믿음은 이성적이지도,
합리적이지도 않다

전장에서 기적과 같은 승리를 이루고도 다시 두려움에 빠진 아브라함에게 하나님이 찾아오신다. 하나님은 아브라함의 잘못된 믿음을 바로잡아 주시기 위해서 이렇게 말씀하신다.

∞ 이 후에 여호와의 말씀이 환상 중에 아브람에게 임하여 이르시되 아브람아 두려워하지 말라 나는 네 방패요 너의 지극히 큰 상급이니라 창 15:1

하나님은 아브라함의 방패요 큰 상급이라고 말씀하셨다. 하나님이 방패가 되시고 상급이 되신다면 그것보다 더 안전하고 더 풍요로운 삶이 어디 있는가! 그러나 아브라함은 이 말씀을 위로와 격려로 받아들이기보다는 하나님께 질문하는 계기로 삼았다.

> ∞ 아브람이 이르되 주 여호와여 무엇을 내게 주시려 하나이까 나는 자식이 없사오니 나의 상속자는 이 다메섹 사람 엘리에셀이니이다 아브람이 또 이르되 주께서 내게 씨를 주지 아니하셨으니 내 집에서 길린 자가 내 상속자가 될 것이니이다 창 15:2-3

그는 하나님께 이렇게 질문한다.

"하나님께서 저의 큰 상급이라고 하시는데, 저에게 주신 것이 도대체 무엇입니까?"

그러면서 이번에는 제안을 한다.

"저에게는 자손이 없는데 큰 민족을 이루시겠다고 하시니 양자를 들이라는 말씀으로 알겠습니다."

그는 이렇게 제안하면서 그 이유를 하나님이 자기에게 자녀를 주시지 않았기 때문이라고 강조하고 있다. 불신앙은 불필요한 아이디어를 만들어 낸다. 우리는 믿음으로 살아간다고 하지만 온전한 믿음으로 살지 못하기 때문에 하지 않아도 될 일을 많이 하며 살아간다. 하나님께서 하시는 일의 많은 부분은 우리가 안 해도 될 일을 함으로 이를 처리하시는 일일지도 모른다.

아브라함이 "나는 자식이 없사오니", "주께서 내게 씨를 주지 아니하셨으니" 하면서 이 부분을 반복해서 이야기하는 것은 그의 인내심이 한계에 이르렀다는 반증이다. 불신앙은 인내하지 못하고 언제나 하나님을 원망한다. 아담도 하나님께서 왜 금지된 열매를 먹었느냐고 추궁하실 때 하나님을 탓했다. 하나님이 주셔서 나와 함께한 여자가 먹게 했으니 하나님께 책임이 있다는 것이다.

사실 아브라함의 이러한 제안은 당시 문화적 배경으로 볼 때 아주 합리적인 생각이다. 당시에는 자신의 집에서 낳은 종들의 자식을 양자로 삼아 재산을 상속시키는 관습이 있었다. 아브라함의 집에는 다메섹에서 데려온 엘리에셀이라는 종이 있었는데, 아브라함은 그가 자신의 양자로 합당해 보였다. 그를 통한다면 자신의 민족이 번성하게 될 수 있을 것이라고 생각했던 것이다. 그러나 믿음은 합리적일 수 있으나 합리적인 것을 따르는 것 자체가 곧 믿음은 아니다.

아브라함의 아이디어는 인간의 수준으로 만들어 낸 차선책이었다. 그러나 하나님께는 차선책이 존재하지 않는다. 그렇다면 그분은 하나님이 아니시다. 우리의 착각은 우리가 만족하면 하나님도 만족하실 것이라고 생각하는 것이다. 내 이성이 이해해야 하나님께도 가장 적합한 방법이라고 생각하는 것이다. 그러나 하나님께는 최고만이 존재한다. 하나님의 약속은 언제나 최고의 방법이다.

의인은 하나님의 약속을 믿는 사람이다

◇◇ 여호와의 말씀이 그에게 임하여 이르시되 그 사람이 네 상속자가 아니라 네 몸에서 날 자가 네 상속자가 되리라 하시고 그를 이끌고 밖으로 나가 이르시되 하늘을 우러러 뭇별을 셀 수 있나 보라 또 그에게 이르시되 네 자손이 이와 같으리라

창 15:4-5

하나님은 아브라함과 사라의 몸을 통해서 태어날 자가 상속자가 된다고 분명히 말씀하셨다. 그리고 하나님은 아브라함을 밖으로 이끌고 나가서 많은 별을 보여 주셨다. 그러면서 너의 자손이 하늘의 셀 수 없는 별 같을 것이라고 말씀하셨다. 하나님은 아브라함의 좁은 시야를 넓혀 주기 위해서 별을 보

여 주셨다.

믿음은 위를 쳐다보는 것이다. '인류학'을 영어로 'Anthropology'라고 하는데 이는 인간이라는 뜻의 헬라어 '앤트로포스'(Anthropos), 즉 '위를 바라보는 존재'라는 의미에서 나왔다. 위를 보면 우리에게는 도저히 불가능한 일들이 변함없이 펼쳐져 있다. 수많은 별이 우리에게 주는 메시지는 무엇인가? '해와 달과 별, 온 우주 만물을 지으신 하나님이 얼마나 크고 위대한 분이신가'라는 것이다. 고대로부터 밤하늘의 수많은 별은 우주의 신비를 체험하는 창문이었다.

그러나 인간의 작품이 하나님의 작품들을 점점 흐리고 있다. 현대인들은 수많은 별을 만드신 분께 경배하는 대신 모든 것이 너무나 커서 누구도 만들 수 없었을 것이라고 결론 내린다. 그리고 모든 것이 우연에 의해 만들어졌다고 믿고 싶어 한다. 그러나 그것은 희망사항일 뿐이다. 진화론자들이 주장하던 많은 근거는 현대에 이르러 도리어 진화의 허구성을 드러내고 있다. 창조는 과학으로 온전히 증명할 수 없다. 다만 창조 세계 안에 있는 창조주의 지혜와 질서는 끊임없는 과학적 탐구를 통해 발견해 갈 수 있다. 과학은 창조세계의 질서를 발견하고 이름을 붙이며 적용하는 학문일 뿐이다. 우주의 질서 정연하면서도 장엄함을 보며 그것이 우연에 의해 생성되었다고 믿는 것이 창조주에 의해 만들어졌다고 믿는 것보다 더 어려운 일이다.

아브라함은 하늘의 별을 올려다보며 하나님을 믿게 되었고 하나님은 이를 그의 의로 여기셨다.

>> 아브람이 여호와를 믿으니 여호와께서 이를 그의 의로 여기시고 창 15:6

아브라함이 하나님을 믿은 것이 이번이 처음이기 때문에 '믿었다'는 단어가 여기에서 나온 것이 아니다. 여기에서 사용된 히브리어 '믿는다'의 시제는 과거부터 지금까지 이어져 온 것을 나타낸다. 즉 아브라함은 그의 고향 우르를 떠날 때도, 가나안 땅에 도착해서 지금까지도 계속해서 하나님을 믿었다.

그런데 이곳에서의 믿음은 어떤 믿음이기에 아브라함의 믿음을 의로 여기셨다는 표현을 사용하셨을까? 이 부분에 대하여는 마틴 루터의 설명이 제일 만족스럽다. 루터는 창세기 15장에 이르러서야 아브라함의 믿음이 한 아들에 대한 약속에 더욱 구체적으로 초점을 두고 있기 때문이라고 말한다. 창세기 12장에서도 아브라함은 하나님께서 자신을 통해서 큰 민족을 이루고 복의 근원이 되게 하겠다고 하신 약속을 믿었다. 그런데 12장과 13장에서는 하나님께서 큰 민족을 이루고 아브라함의 자손을 통해 복의 근원이 되게 하겠다는 말씀만 하셨지 구체적으로 어떻게 이루시겠다는 말씀은 하지 않으셨다. 사실 아브라함이 큰 민족을 이루는 일은 그의 아이디어처럼 양자제도를 통해 얼마든지 이룰 수 있었다. 당시 문화적 배경으로 봤을 때 그 방법은 가장 보편적이면서도 합법적이었다. 그런데 15장에서 하나님은 아브라함에게 직접 한 아들을 주셔서 그 아들을 통해서 큰 민족을 이루시겠다는 약속을 구체적으로 주셨다. 이 대목은 아브라함의 믿음의 여정에서 매우 중요한 전환점이 되는 부분이다. 그렇기 때문에 하나님도 15장에 와서야 비로소 아브라함의 믿음을 의로 여기셨다는 표현을 처음 하신다.

성경에서 의인이란 어떤 사람인가? 성경은 노아를 의인이라고 했다. 그러나 그는 홍수 사건 후에 술에 만취되어 옷을 벗고 잠을 자는 추태를 보였다. 도무지 우리가 생각하는 의인의 삶이 아니다. 노아를 의인이라고 한 것은 그가 도덕적으로 훌륭한 삶을 살았던 사람이라는 뜻이 아니라 하나님의 약속을 믿는 사람이었기 때문이다.

의인은 하나님을 믿는 사람이다. 성경에서 '의'라는 단어는 하나님과의 올바른 관계를 의미한다. 은혜가 하나님께서 우리에게 베풀어 주시는 선물이라면 믿음은 우리가 하나님께 돌려드리는 선물이다. 즉 우리가 하나님을 믿는 것이 하나님과 가장 올바른 관계를 맺는 일이요, 의인의 길인 것이다. 따라서 믿음이란 곧 하나님과의 관계다. 하나님과 살아 있는 관계 속에 있는 사람을 가리켜 의인이라고 말한다. 로마서는 이것에 대하여 하박국 말씀을 인용하여 설명하고 있다.

∞ 복음에는 하나님의 의가 나타나서 믿음으로 믿음에 이르게 하나니 기록된 바 오직 의인은 믿음으로 말미암아 살리라 함과 같으니라 롬 1:17

종교개혁은 이 구절을 기초로 하여 일어났다. 믿음으로 의롭게 된다는 진리가 새롭게 발견된 것이다. 믿음 때문에 의롭게 되는 것이 아니라 믿음을 통하여 의롭게 되는 것이다. 이것은 은혜에 의한 것이다. "너희는 그 은혜에 의하여 믿음으로 말미암아 구원을 받았으니"(엡 2:8a), 즉 어거스틴은 하나님의 무조건적인 은혜를 재발견했다면 루터와 칼빈은 그 은혜를 받아들이는 인간의 믿음을 재발견한 것이다.

이 구절의 근거가 되는 사례가 바로 아브라함의 믿음을 하나님께서 의롭다 여기신 것이다. 아브라함이 하나님을 믿었다고 할 때 사용된 단어는 단순한 지식적인 동의가 아니다. 사랑의 대상으로써 의지하고 신뢰했다는 뜻이다. 믿는다는 뜻의 영단어 'believe'는 동사 'be'와 명사 'life'의 합성어다. 내 존재를 삶에 맡긴다는 뜻이다. 그러나 우리의 믿음은 인격적인 하나님을 사랑의 대상으로 한 믿음이다. 그래서 '잘 믿느냐? 못 믿느냐?'보다 더 중요한 질문은 '무엇을 믿는가?'이다. 그리고 이보다 더 중요한 질문은 '누구를 믿는가?'이다.

아브라함은 장차 그에게서 태어날 약속의 자녀, 그리고 그 아들을 통해 하나님께서 땅의 모든 족속이 복을 얻게 하실 것을 믿었다.

> ∞ **너희 조상 아브라함은 나의 때 볼 것을 즐거워하다가 보고 기뻐하였느니라 유대인들이 이르되 네가 아직 오십 세도 못되었는데 아브라함을 보았느냐 예수께서 이르시되 진실로 진실로 너희에게 이르노니 아브라함이 나기 전부터 내가 있느니라 하시니** 요 8:56-58

예수님은 아브라함이 장차 오실 약속의 자녀, 구원자를 기대하고 즐거워했다고 해석하셨다. 아브라함은 하나님께서 자신에게 주실 자녀를 기대했는데, 예수님은 이 믿음을 아브라함의 자녀로 오신 예수님을 기대한 것으로 해석하신 것이다. 어떻게 그런 해석이 가능한가? 원리가 동일하기 때문이다. 둘 다 하나님의 약속에 대한 믿음이다.

도무지 믿어지지 않을 때
주님은 언약을 주신다

∞ 또 그에게 이르시되 나는 이 땅을 네게 주어 소유를 삼게 하려고 너를 갈대아인의 우르에서 이끌어 낸 여호와니라 그가 이르되 주 여호와여 내가 이 땅을 소유로 받을 것을 무엇으로 알리이까 창 15:7-8

하나님은 다시 아브라함에게 이 땅을 주겠다고 하신다. 그러자 아브라함은 하나님께 또 질문한다. 자신이 가나안 땅을 소유하게 된다는 것을 어떻게 알 수 있느냐는 것이다. 아브라함이 현실을 보니 현실과 약속은 너무나 차이가 있었기 때문이다. 아브라함 입장에서는 '하나님께서 나에게 이 땅을 주셨다면 어떤 징조라도 보여야 하는 것 아닌가?' 하고 생각할 수 있다. 자식을 하늘의 별과 같게 하시겠다는 말씀은 훨씬 더 믿기 쉬웠을지도 모른다. 그러나 땅은 전혀 다른 문제다. 가나안 땅에는 이미 여러 족속과 원주민들이 그곳에 거주하고 있기 때문이다. 그가 밤하늘의 별들을 쳐다보았다고 해도 현실은 전혀 달라지지 않았다. 하늘을 보고 믿기는 쉬워도 땅을 보고 믿기는 어렵다. 아브라함의 고민은 우리의 공감을 일으킨다.

하나님은 인간의 이러한 약점을 이해하신다. 그래서 "너 조금 전에 별을 보고 믿어 놓고 또 다시 믿지 않을 거냐?"고 추궁하지 않으셨다. 하나님은 아브라함이 이해할 수 있는 방법을 사용하여 하나님의 약속을 재확인시켜 주셨다.

당시 문화에는 쌍방의 중요한 계약을 체결할 경우에는 짐승을 잡아 반쪽으로 갈라놓고 그 사이를 당사자들이 지나가는 의식이 있었다. 만일 어느 한쪽이 약속을 어기면 갈라진 제물처럼 저주를 받게 된다는 것을 보여 주는 의식이었다. 하나님은 아브라함에게 바로 이 의식을 시키셨다. 아브라함은 동물을 쪼개고 그 사이로 지나가야 했다. 그런데 창세기 15장 17절을 보면 그 쪼개진 동물들 사이로 타는 횃불만 지나갔다. 불로 임재하시는 하나님만 지나가신 것이다. 그것은 하나님께서 아브라함에게 하신 약속을 하나님의 생명을 내놓고 지키겠다고 하신 것이다. 그 약속을 지키시기 위해서 생명을 내놓고 찢겨진 분이 바로 성육신하신 예수 그리스도시다.

하나님은 또 다시 아브라함에게 하나님의 계획을 말씀해 주신다. 하나님은 아브라함의 후손들이 가나안 땅을 소유하려면 거쳐야 하는 과정을 보여 주셨다. 그것은 출애굽이다. 애굽에서 400년간 종살이하고 난 후 큰 민족이 되어 가나안 땅을 정복할 것이라는 예언을 주셨다.

사실 아브라함이 "내가 이 땅을 소유로 받을 것을 무엇으로 알겠습니까?" 하고 질문한 것은 바로 지금 이 자리에서 가나안 땅의 일부분이라도 손에 들어와야 속이 시원하겠다는 말이었다. 그러나 하나님이 말씀하신 믿음은 그게 아니다. 당장 내 손에 잡히는 것은 없지만 미래를 위한 하나님의 약속 안에서 개인의 역할을 감당하는 것이다. 아브라함은 실제로 사라를 통해서는 이삭 한 명의 자식밖에 보지 못했다. 그리고 그가 소유한 땅도 사라의 무덤으로 사용하려고 구입한 헤브론 산지 약간뿐이었다. 중요한 것은 아브라함은 약속을 받은 사람이지 땅을 받은 것이 아니라는 사실이다.

아브라함은 하나님께 "무엇으로 주시렵니까?", "무엇으로 알 수 있습니까?" 하고 거듭 질문했다. 하나님은 그 질문들에 상세하고 구체적으로 대답하셨다. 아브라함의 질문은 믿지 않기 위한 질문이 아니라 믿고 싶은데 믿어야 할 이유를 모를 때, 도무지 믿어지지 않을 때 던지는 질문이었기 때문이다. 하나님은 우리의 믿음의 질문에 대답해 주신다. 하나님은 우리가 믿음을 가지고 하나님의 뜻에 맞추어 살게 되는 것을 가장 기뻐하시기 때문이다.

Part 3

낙망할 때,

새 이름을 주시다

7장. 하나님의 침묵은
믿음을 돌아볼 수 있는 기회다

———— 창세기 17:1-8

16세기 종교개혁의 세 가지 모토는 오직 은혜(Sola Gratia), 오직 성경(Sola Scriptura), 오직 믿음(Sola Fide)이었다. 구원은 인간의 공로가 아니라 오직 하나님의 은혜로 얻는 것이라는 의미에서 '오직 은혜'를 강조했다. 절대적 권위는 교회 회의나 교황이 아니라 성경이 가진다는 의미에서 '오직 성경'을 강조했다. 그리고 행위가 아니라 오직 믿음으로만 하나님 앞에서 의롭게 된다는 의미에서 '오직 믿음'을 강조했다.

사람들이 가진 오해가 있다. 종교개혁자들은 '믿음으로 의롭게 됨'을 주장한다고 보고, 가톨릭은 '행함으로 의롭게 됨'을 주장한다고 보는 것이다. 그러나 오해다. 가톨릭도 믿음으로 의롭게 된다는 것을 인정한다. 또 종교개혁자들도 행함이 있어야 한다는 것을 인정한다. 그러면 무엇이 다른가? 그 차이는 바로 '오직'(Sola)이라는 단어에 있다. 가톨릭은 '오직'을 거부함으로 오류에 빠졌다.

가톨릭은 다음과 같은 등식을 주장한다.

믿음(Faith) + 행위(Works) → 칭의(Justification)

그러나 칼빈과 루터는 오직 믿음으로 의롭다 함을 얻는 것이 성경에서 강조되고 있다고 주장했다. 종교개혁자들은 민음을 다음과 같이 설한명다.

믿음 → 칭의 + 행위

두 가지 등식을 대조하면 다음 표와 같다.

가톨릭(Roman Catholic)	▶▶	믿음 + 행위 → 칭의
종교개혁자들(Reformers)	▶▶	믿음 → 칭의 + 행위

종교개혁자들은 행함을 믿음과 함께 의롭게 되는 요소로 본 것이 아니라 믿음으로 의롭게 되었을 때 나오는 열매요 결과로 보았다. 왜 종교개혁자들이 '오직 믿음'을 주장했는지를 알 수 있다.

불신앙의 아이디어가
불행을 낳았다

아브라함의 인생 여정은 행함이 믿음으로 의롭게 된 것과 함께 나타나야 하는 열매임을 알려 주고 있다. 하나님은 아브라함에게 다시 말씀하신다.

> ∞ 아브람이 구십구 세 때에 여호와께서 아브람에게 나타나서 그에게 이르시되 나는 전능한 하나님이라 너는 내 앞에서 행하여 완전하라 내가 내 언약을 나와 너 사이에 두어 너를 크게 번성하게 하리라 하시니 창 17:1-2

하나님께서 아브라함에게 "전능한 하나님"으로 자신을 나타내셨다. 그리고 그에게 하나님 앞에서 완전하게 행하라고 말씀하셨다. 창세기 15장에서 아무런 행위가 없었던 상태에서 오직 믿음만 보시고 의롭게 여기셨던 것과 대조적이다. 이제 하나님은 그에게 온전한 행동을 요구하신다. 이것은 믿음으로 의롭게 된 이후에 행함이 열매로 나타나야 한다는 종교개혁자들의 견해를 뒷받침한다.

그렇다면 하나님은 왜 지금 아브라함에게 온전한 행함을 강조하시는 것일까? 그것은 아브라함이 하나님 앞에 온전하지 못한 순종, 즉 불순종을 했다는 것을 알 수 있다. 창세기 16장에서 사라가 아브라함에게 이렇게 말한다.

> ∞ 사래가 아브람에게 이르되 여호와께서 내 출산을 허락하지 아니하셨으니 원하건대 내 여종에게 들어가라 내가 혹 그로

말미암아 자녀를 얻을까 하노라 하매 아브람이 사래의 말을

들으니라 창 16:2

사라의 말에는 가시가 들어 있다. 하나님께서 자신이 출
산하는 것을 막고 계시다는 것이다. 하나님이 허락하지 않으
시기 때문에 여종을 통해서라도 자녀를 낳자고 아브라함에게
제안하는 것이다. 이것은 아브라함이 하나님께 드렸던 제안
과 동일한 원리에서 나온 것이다. 아브라함은 15장에서 하나
님께서 일하시지 않기 때문에 자신이 엘리에셀을 양자로 들
여서 하나님의 뜻을 이루겠다고 했었다. 그런데 이번에는 사
라가 아브라함에게 비슷한 제안을 한다.

이 일로 아브라함에게는 두 아내가 생겼다. 그리고 사라와
하갈 사이에 갈등이 시작되었다. 하갈은 자녀를 잉태하자 주
인 사라를 무시하기 시작했다. 그러자 사라는 아브라함에게
이렇게 말한다.

∞ 사래가 아브람에게 이르되 내가 받는 모욕은 당신이 받아야

옳도다 내가 나의 여종을 당신의 품에 두었거늘 그가 자기의

임신함을 알고 나를 멸시하니 당신과 나 사이에 여호와께서

판단하시기를 원하노라 창 16:5

사라의 이 말은 점잖게 번역되었지만 분위기를 그대로 살리면 이런 의미일 것이다.

"이 모든 것이 당신 때문이에요! 당신이 죽든지 내가 죽든지 한번 해 봅시다!"

왜 아브라함의 가정에 이런 불행이 시작되었는가? 아브라함과 사라의 불신앙 때문이다. 오늘날 중동의 불행한 역사는 아브라함과 사라의 하나님께 대한 불신앙의 아이디어로부터 비롯된 것이다. 불신앙이란 나와 가족의 운명을 하나님의 손에서 내 손으로 옮기는 것이다. 반대로 믿음이란 내 손에서 하나님의 손으로 옮기는 것이다. 믿음이란 나의 방법을 버리고 하나님의 방법을 택하는 것이다.

평안하다 생각되는 때
주의하라

창세기 17장에 와서 성경은 아브라함의 나이를 99세라고 기록했다. 왜 나이를 기록했을까? 앞 장에서 이스마엘이 태어날 때 아브라함의 나이를 86세라고 기록했다. 그가 불신앙으로 이스마엘을 낳은 지 13년 만에 하나님께서 아브라함에게 다시 말씀하셨다는 것을 보여 주는 것이다.

성경에 나타난 바로는 이스마엘이 13세가 되었을 때까지 하나님께서 침묵하셨다. 아브라함은 아마도 이스마엘을 통해서 하나님의 약속이 이루어진 것이라 생각하고 아무 생각 없이 살아가고 있었을 것이다. 그러나 13년 만에 하나님은 아브라함에게 찾아오셔서 그를 책망하신다. "나는 전능한 하나님이라 너는 내 앞에서 행하여 완전하라"고 하신 말씀은 아브라함과 사라에 대한 하나님의 책망이다.

아브라함과 사라는 자신들의 방법으로 이스마엘을 낳아 하나님을 전능하지 못하신 분으로 취급했다. 믿음으로 기다리는 의로운 모습을 보이지 못했다. 이러한 불신앙에 대하여 하나님은 13년간 침묵으로 기다리셨다. 바로 야단치지 않으셨다. 그러나 이처럼 하나님께로부터 아무런 계시가 없는 13년은 아브라함에게 영적 광야와 같은 기간이었을 것이다. 우리가 불순종의 길을 걸어갈 때 하나님께서 즉시 나타나셔서 길을 막기도 하시지만 때로 자신이 선택한 길을 그냥 걸어가도록 내버려 두기도 하신다.

하나님은 왜 이렇게 오랫동안 침묵하면서 기다리셨을까? 그분은 서두르지 않으신다. 오래 참고 기다리면서 일하시는 분이다. 마치 아무 일도 하지 않는 것처럼 보일지라도 하나님은 조용히, 천천히 일하고 계신다. 하나님은 침묵하심으로 우리의 믿음을 다시 돌아볼 수 있는 기회를 주시는 것이다. 침묵하시는 하나님 앞에서 기도로 하나님을 찾으며 나갈 수 있도록 만드시는 것이다.

하나님은 침묵을 깨고 찾아오셔서 아브라함에게 요구하셨다.

"행함으로 너의 믿음을 보여라. 너는 내 앞에서 온 마음으로 순종하며 깨끗하게 행하여라."

우리가 의롭게 되는 것이 하나님을 믿음으로 가능했듯이 하나님 앞에서 완전하게 행하는 것도 믿음으로 가능하다.

행함은 하나님의 성취를
믿을 때 가능하다

하나님은 지금까지 아브라함과 계속해 오신 약속을 다시 되풀이해서 말씀하셨다.

∞ 내가 내 언약을 나와 너 사이에 두어 너를 크게 번성하게 하리라 하시니… 보라 내 언약이 너와 함께 있으니 너는 여러 민족의 아버지가 될지라… 내가 내 언약을 나와 너 및 네 대대

후손 사이에 세워서 영원한 언약을 삼고 너와 네 후손의 하

나님이 되리라 창 17:2-7

하나님은 반복해서 "내 언약을 나와 너 사이에 두겠다"고
말씀하신다. 하나님은 언약의 소나기를 퍼부으셨다. 이 언약
가운데 깜짝 놀랄 만한 새로운 내용은 전혀 없다. 이전의 말씀
과 비교해 보면 반복되는 내용과 추가되는 내용이 있다.

먼저 반복되는 내용을 살펴보면, 첫째, 하나님께서 여전히
주도권을 가지고 계신다는 것이다. '내가 이렇게 하고, 내가
저렇게 한다'는 내용이 반복된다. '하나님께서 반드시 이루실
것'에 대하여 반복적으로 확증해 주시는 것이다. 하나님이 시
작하신 일은 하나님께서 반드시 이루신다. 둘째, 하나님은 다
시 한번 아브라함의 후손을 심히 번성하게 하시고 가나안 땅
을 영원한 기업으로 주겠다고 하셨다.

하나님은 왜 아브라함에게 "너는 내 앞에서 완전하게 행하
라"고 명하시고 난 후, 언약을 거듭 말씀하며 재확인시켜 주시
는 걸까? 그것은 하나님께서 요구하시는 행함은 인간이 무엇
인가를 행하여 성취하는 것이 아니라 하나님께서 반드시 이
루실 것이라는 믿음에서 나오는 것이기 때문이다.

참된 믿음이란 이러한 하나님을 믿는 것이다. '전능하신
하나님은 말씀하신 것을 반드시 이루실 것이다'라는 신뢰에

서 나오는 행함이다. 하나님은 하고자 하시는 것을 하나님의 방법대로 이루실 것이다. 이처럼 전능자의 그늘 아래 머무는 자는 전능하신 하나님께서 말씀하신 약속은 반드시 그대로 이루어진다는 믿음으로 살아간다.

믿음이란 하나님께서 원하시는 것을 하나님의 방법대로 이루시기를 기다리는 것이다. 그러나 우리는 하나님께서 너무 오래 기다리게 하신다고 불평한다. 실상 준비되지 않은 것은 우리다. 하나님은 우리가 새로운 것을 받을 수 있을 만큼 성숙하기를 기다리신다. 우리는 하루 사이에 성장하지 않는다. 육체적인 성장에도 시간이 걸리는 것처럼 영적인 성장에도 시간이 걸린다.

먼저 이름을 주시고
그에 걸맞은 행위를 요구하신다

17장에 나오는 약속의 말씀에 새롭게 추가된 내용을 보자. 하나님은 아브라함과 사라에 대한 언약의 증표로 그들의 이름을 바꾸어 주셨다.

∞ 이제 후로는 네 이름을 아브람이라 하지 아니하고 아브라함
이라 하리니 이는 내가 너를 여러 민족의 아버지가 되게 함이
니라 창 17:5

아브라함의 원래 이름은 아브람이었다. 하나님은 그의 이름을 '여러 민족의 아버지'(father of many nations)라는 뜻의 아브라함으로 바꿔 주셨다. 사라의 원래 이름은 사래인데, 이제 '여러 민족의 어머니'(mother of many nations)라는 뜻의 사라로 바꿔 주셨다.

왜 하나님은 약속이 이루어지기 전에 이름부터 바꾸어 주셨을까? 첫째는 확신을 가지고 살도록 하신 것이다. 지금은 이루어지지 않았지만 확실히 언약대로 이루어질 것을 하나님의 성품으로 보증하신 것이다. 하나님이 행함을 요구하시는 것은 그 행함을 보고 의롭게 여기실지를 판단하려고 하시는 것이 아니다. 먼저 의롭다 여기시고 난 후 행함으로 그 믿음을 보이라고 요구하시는 것이다. 그래서 그분은 이름을 먼저 주시고 그 이름에 걸맞게 행동하라고 요구하셨다.

둘째는 아브라함과 사라의 과거 불신앙의 실수들을 씻어 주시는 것이다. 새로운 믿음으로 출발할 수 있도록 해 주시는 것이다. 믿음으로 사는 것은 날마다 새롭게 출발하는 것이다. 여러 민족의 아버지라는 이름이 아브라함의 노력으로 얻어

낸 이름이 아니기 때문에 과거의 실패와 불신앙에 집착하여 괴로워할 필요가 없다는 것이다.

하나님은 원한을 품지 않으시는 분이다. 우리는 한번 실패하고 나면 그만큼 하나님이 나를 덜 신뢰하실 것이라고 생각한다. 그래서 실패한 사람에게 가장 좋은 것은 주시지 않을 것이라고 생각한다. 이것은 불신이다. 하나님은 그런 분이 아니시다. 주님은 실패하고 배신한 베드로를 대표 사도로 세우셨다. 교회를 앞장서서 핍박한 바울을 이방인을 위한 대표 사도로 세우셨다.

13년 만에 찾아오신 하나님이 자신에게 이러한 계시로 말씀하실 때 아브라함은 엎드렸다. 두 번이나 엎드렸다(3, 17절). 아브라함이 엎드렸다는 기록이 이곳에 처음 나온다. 단을 쌓은 적은 많아도 엎드린 것은 이번이 처음이다.

그는 왜 엎드렸는가? 전능하신 하나님을 신뢰하지 않았던 자신의 실패 때문이다. 자신의 불신앙과 사라의 불신앙을 처절하게 깨달으면서 하나님의 말씀 앞에 엎드린 것이다. 믿음으로 의롭게 된 자가 보여 주는 믿음의 행동의 첫걸음은 하나님 앞에서 엎드리는 것이다. 믿음이 더욱 깊어진다는 것은 하나님 앞에 더욱 엎드린다는 것이다. 하나님을 깊이 알아갈수록 그분 앞에 더욱 엎드리게 된다. 우리는 하나님 앞에서 엎드려야 하는 존재들이다. 불완전하게 행동하는 스스로를 발견하면서 날마다 엎드려야 한다.

믿음으로 의롭게 되었다는 것은 기준이 전보다 더 높아지는 것이다. 그 기준에 이르는 방법과 그것을 가능하게 하는 능력 또한 전과는 달라진다. 전에는 내 능력으로 하려고 했다면 이제는 하나님의 능력과 방법으로 그 기준에 이르게 된다. "나는 전능한 하나님이라 너는 내 앞에서 행하여 완전하라"고 말씀하신 하나님 앞에서 하나님을 전능하신 분으로 온전히 드러내는 것이다. 우리가 온전한 믿음으로 하나님의 뜻과 방법에 순종할 때 우리의 행함을 통해 하나님의 전능하심이 나타나게 될 것이다.

8장. 도저히 불가능해 보여도
하나님보다 크지 않다

_____ 창세기 18:9-15

아브라함이 하나님을 믿고 따른다는 것은 인간의 본성으로는 불가능한 일이었다. 하나님이 아브라함을 부르신 것은 그의 선택 이전에 일어난 일이다. 그리고 그분의 강권하시는 이끄심이 없었다면 아브라함은 스스로 하나님을 믿을 수도 없었다.

믿음은 인간 스스로 만들어 낼 수 있는 것이 아니다. 전능하신 하나님께서 인간 안에 형성해 주시는 것이다. 믿을 수밖에 없도록 해 주시고 자유의지로 믿음을 선택하도록 이끌어 주신다. 즉 믿음의 대상은 인간이 스스로 만드는 것이 아니다. 그 믿음의 대상이 먼저 찾아오셔서 자신을 나타내심으로 믿음으로 만날 수 있게 되는 것이다.

그래서 우리에게는 언제나 하나님의 은혜가 먼저 찾아온다. 하나님은 어떤 명령이나 지시를 하실 때 그 일을 행할 능력을 은혜로 먼저 주신다. 능력도 주시지 않고 행하라고 명령하시지 않는다. 구원의 문으로 들어가라고 하시는 것은 그 문을 만들어 주셨기 때문이다. 항상 기뻐하라고 말씀하시는 분은 기뻐할 이유를 먼저 주신다. 쉬지 말고 기도하라고 말씀하시는 분은 쉬지 않고 귀기울여 주시는 분이다. 범사에 감사하라고 말씀하신 분은 감사할 이유를 우리에게 풍성히 베풀어 주신다. 하나님께서 어떤 명령이든지 주시는 말씀은 우리가 그 말씀에 순종할 때 하나님께서 어떠한 분임을 나타내는 증거가 된다.

하나님은 앞서가지도, 더디 가지도 않으신다

하나님은 13년의 침묵을 깨고 아브라함 앞에 나타나시면서 스스로를 "전능한 하나님"이라고 소개하셨다. 이것은 매우 중요하다. 단순히 하나님께서 가지신 본체의 힘을 의미하는 것이 아니다. 그런 의미로는 '엘로힘'이라는 이름으로도 족하다. 그러나 여기에서는 '엘 샤다이'라는 이름을 사용하셨다. 이는 하나님은 택하신 백성과 한번 약속하시면 결코 중단 없이, 실패 없이 반드시 이루시는 분이라는 뜻이다.

그러므로 엘 샤다이 하나님은 택한 백성과의 약속을 신실하게 지키시는 일에 있어서 전능하신 분임을 보여 준다. 사실 하나님은 사람하고 약속할 필요가 없다. 약속으로 자신을 맬 필요가 없는 분이다. 절대 주권을 가지신 분이 자신이 만든 어떤 피조물을 상대하면서 '내가 너와 약속한다'고 할 이유가 없다. 원하시는 대로 행하시기만 하면 되는 분이기 때문이다.

그런데 그렇게 약속을 주시며 찾아오신 이유는 하나님의 사랑 때문이다. 하나님의 사랑이 엘 샤다이 하나님으로 찾아오시게 했다. 그러므로 "전능하신 하나님"이란 이름에는 하나님께서 사랑으로 자신을 낮추시고 이 땅에 내려오셔서 사람과 대등하게 만나고 약속하신다는 뜻이 들어 있는 것이다.

이렇듯 사랑의 하나님은 지금 믿음의 탈선과 불순종 때문에 엎드린 아브라함에게 약속을 재확인시켜 주신다.

> ∞ 하나님이 또 아브라함에게 이르시되 네 아내 사래는 이름을 사래라 하지 말고 사라라 하라 내가 그에게 복을 주어 그가 네게 아들을 낳아 주게 하며 내가 그에게 복을 주어 그를 여러 민족의 어머니가 되게 하리니 민족의 여러 왕이 그에게서 나리라 창 17:15-16

그런데 이러한 하나님의 명령과 약속을 확인받는 아브라함의 반응을 주목해 보아야 한다.

> ∞ 아브라함이 엎드려 웃으며 마음속으로 이르되 백 세 된 사람이 어찌 자식을 낳을까 사라는 구십 세니 어찌 출산하리요 하고 아브라함이 이에 하나님께 아뢰되 이스마엘이나 하나님 앞에 살기를 원하나이다 창 17:17-18

아브라함은 하나님의 약속에 대하여 속으로 웃었다. 자기는 100세, 아내는 90세다. 이런 부부가 아이를 가진다는 것은 불가능해 보이고 비현실적으로 여겨졌다. 그저 농담처럼 들리는 것이다. 그가 이 약속을 처음 받을 때인 75세 정도만 해도 가능성이 있다고 여겼을지 모른다. 그래서 아브라함은 이스마엘이나 하나님 앞에서 복을 누리며 살기 원한다고 말씀드렸다.

하나님의 약속를 받고 그 약속이 너무 커서 땅에 엎드려 경배하던 아브라함이 그 약속을 구체적으로 들려주자 속으로 웃었다니, 그야말로 이중적인 모습이다. 최고의 경배에도 최고의 의심을 숨길 수 있는 존재가 인간이다. 예수님께서 부활 승천하실 때 그 모습을 직접 눈으로 보고 있던 제자들 가운데서도 의심하는 사람이 있었던 것과 마찬가지다. 아브라함은 비록 불신앙의 열매로 태어난 자식일지라도 이스마엘로 그냥 만족하고 싶어 했다.

아브라함의 이러한 반응은 엘 샤다이 하나님에 대한 확신이 아직 부족해서 나온 것이다. 자신이 가나안 땅에서 점점 그 세력이 확장되어 가는 것을 보면서 하나님께서 살아 계시다는 믿음이 생겼지만, 하나님의 약속 중 가장 결정적인 약속인 자손에 대한 약속, 아브라함과 사라를 통해 주실 자손에 대한 약속을 믿기에는 현실이 너무나 불가능한 상황으로 여겨졌던 것이다.

그렇지만 아브라함의 의심은 하나님의 뜻을 전면적으로 부인하고 도전하는 차원의 불신앙이라고 보기는 어렵다. 인간으로서는 상상하기 어려운 약속을 주신 것도 모자라 구체적으로 말씀하시니 너무나 의외의 말을 들었을 때 나도 모르게 웃음이 터져 나오는 것처럼 웃게 된 것이다. 13년 동안 하나님의 약속에 대한 믿음이 약해진 것은 맞지만 하나님께 대한 근본적인 믿음이 무너진 것은 아니다. 아브라함의 마음속에는 믿음과 의문이 혼합되어 있고, 경이로움과 의심이 복합적으로 나타나고 있었다. 하나님의 말씀이 사실이라면 너무나 기쁜 일이지만 또 그것이 가능하기에는 너무나 엄청난 일이어서 잘 믿어지지 않은 것이다.

아브라함은 하나님의 전능하심을 체험하지 못했기에 이를 실감할 수 없었다. 그래서 겉으로는 경배를 드리면서도 속으로는 웃었던 것이다. 하나님은 아브라함의 의심과 불신앙을 책망하시기보다 자상한 음성으로 말씀을 재확인시켜 주시면서 구체적으로 언제 그 약속이 이루어질 것인지 그 시기까지 말씀해주셨다.

∞ 하나님이 이르시되 아니라 네 아내 사라가 네게 아들을 낳으리니 너는 그 이름을 이삭이라 하라 내가 그와 내 언약을 세우

리니 그의 후손에게 영원한 언약이 되리라 이스마엘에 대하여
는 내가 네 말을 들었나니 내가 그에게 복을 주어 그를 매우
크게 생육하고 번성하게 할지라 그가 열두 두령을 낳으리니
내가 그를 큰 나라가 되게 하려니와 내 언약은 내가 내년 이
시기에 사라가 네게 낳을 이삭과 세우리라 창 17:19-21

하나님은 이 말씀을 통해 세 가지를 분명하게 확인시켜 주
신다. 첫째, 약속의 자녀는 분명히 아내 사라를 통해 태어난
다. 둘째, 그 이름을 이삭이라고 할 것이며 그는 내년 이맘때
쯤 태어날 것이다. 셋째, 나의 언약은 그 이삭과 세울 것이다.

하나님은 최선이 아니면 만족하시지 않는다. 아브라함을
부르시고 언약을 주신 하나님은 인간의 계획으로 만족하시지
않는다. 아브라함에게 주신 언약은 처음에는 광범위한 내용
으로 주어지다가 점점 구체적인 내용으로 주어진다. 하나님
은 모든 계획의 청사진을 한꺼번에 보여 주시지 않는다. 단계
적으로 서서히 알려 주신다. 한꺼번에 모든 계획을 알려 주시
면 우리가 감당하지도, 따라가지도 못한다. 하나님은 바로 한
걸음 우리보다 앞서 가시면서 우리가 따라갈 수 있는 믿음의
한 걸음을 내디딜 때 그 다음 단계를 제시해 주신다.

하나님은
자연법칙보다 크시다

하나님께서 구체적인 시간을 말씀하시니 아브라함은 진짜 믿음의 도전에 직면하게 되었다. 땅의 모든 족속의 복의 근원이 된다는 말씀은 광범위하면서도 막상 바로 어떤 위기에 직면하지는 않는다. 그러나 일 년 후에 자손이 태어난다는 구체적인 말씀은 상황이 다르다. 위기 앞에 서게 하시는 것이다.

그 후 어느 날 여행객의 모습을 한 세 천사가 아브라함을 찾아온다. 사실 하나님께서 두 천사와 함께 사람의 모양을 하고 나타나신 것이다. 앞으로 이루어질 성육신의 전조처럼 주님은 때때로 사람의 모습으로 임하셨다. 아브라함과 사라는 그 사람들을 극진히 대접한다. 하나님은 아브라함에게 당신의 계획을 재차 말씀해 주신다. 이번에는 하늘의 음성도 아니고 꿈속에서도 아니고 환상 가운데서도 아니다. 사람의 언어로 구체적으로 알려 주신 것이다. 그러면서 그들은 사라에게 하나님의 약속을 재확인시킨다.

∞ 그들이 아브라함에게 이르되 네 아내 사라가 어디 있느냐 대답하되 장막에 있나이다 그가 이르시되 내년 이맘때 내가 반

다시 네게로 돌아오리니 네 아내 사라에게 아들이 있으리라
하시니 사라가 그 뒤 장막 문에서 들었더라 창 18:9-10

그들이 아브라함과 사라에게 전해준 소식은 사라가 아들
을 낳을 것이라는 사실이다. 사라는 아브라함의 뒤에 있는 장
막 입구에서 이 이야기를 듣고 있었다.

∞ 아브라함과 사라는 나이가 많아 늙었고 사라에게는 여성의
생리가 끊어졌는지라 사라가 속으로 웃고 이르되 내가 노쇠
하였고 내 주인도 늙었으니 내게 무슨 즐거움이 있으리요
창 18:11-12

사라가 속으로 웃었다. 사라의 웃음은 불신과 의심의 웃음
이었다. 비웃음이라고도 말할 수 있는 웃음이다. '내가 이렇게
나이가 많은데 어떻게 자녀를 낳는다는 말인가!' 사라가 이렇
게 생각할 때 하나님께서 말씀하셨다.

∞ 여호와께서 아브라함에게 이르시되 사라가 왜 웃으며 이르기
를 내가 늙었거늘 어떻게 아들을 낳으리요 하느냐 여호와께
능하지 못한 일이 있겠느냐 기한이 이를 때에 내가 네게로
돌아오리니 사라에게 아들이 있으리라 사라가 두려워서 부인

하여 이르되 내가 웃지 아니하였나이다 이르시되 아니라 네가

웃었느니라 _창 18:13-15_

하나님께서 사라의 마음속의 웃음을 보시고 두 가지 질문으로 지적하셨다.

첫째, "왜 웃으며 '내가 늙었거늘 어떻게 아들을 낳으리요' 하느냐?"고 지적하셨다. 하나님은 사라가 속으로 하나님의 말씀을 비웃는 것을 보셨다. 하나님은 우리 마음속의 한 순간의 움직임도 다 보시는 분이다. 사라는 자신이 웃지 않았다고 주장하나 하나님은 마음속으로 웃은 것을 다 알고 계셨다. 사실 세상적인 생각으로 사라는 비웃을 수밖에 없는 상황이다. 있을 수 없는 일이기 때문이다.

사실 비웃음은 그 동안 사라의 인생을 한마디로 요약하는 단어이다. 사라의 인생은 비웃음의 인생이었다. 사라의 인생에서 일어났던 모든 일은 그냥 받아들여지지 않았던 일들이었다. 그녀가 주변 사람들에게 받았던 무시는 그녀에게 비웃음으로 느껴졌을 것이다. 심지어 남편도 이기적이어서 자신을 보호해 주지 않는 상황에서 그녀는 남편을 비웃었다. 사라의 마음속에는 비웃음이 자리 잡고 있었다. 심지어 하나님께 대하여도 비웃고 있었다. 우리가 살아오면서 주변에서 받은 영향, 가정에서 일어나는 모든 일에 대한 태도는 하나님과의

관계에도 영향을 미친다.

둘째, "여호와께 능하지 못한 일이 있겠느냐?"고 지적하셨다. 사실 이 말씀은 장차 있을 어떤 사건을 위한 준비로서 주어진 말씀이다. 나이가 많아 자연법칙으로는 아이를 낳을 수 없는 노부부에게 아이를 주시겠다고 하신 약속은 동정녀 마리아에게서 아이를 잉태하고 낳을 것이라고 예언하는 사건과 연결된다. 천사 가브리엘이 마리아에게 나타났을 때 그녀 역시 "어떻게 이런 일이 가능합니까?" 하고 질문했다. 그때 천사는 마리아에게 이렇게 말씀했다.

∞ 대저 하나님의 모든 말씀은 능하지 못하심이 없느니라

눅 1:37

하나님의 기적은 자연법칙을 무너뜨리는 것이 아니라 개입하시는 것이다. 하나님의 기적은 자연법칙에 개입한 후 곧바로 그 자연에 흡수되어 자연과 하나가 된다. 예수님이 남자와 관계하지 않은 동정녀 마리아에게 잉태된 것은 하나님이 자연법칙에 개입하신 것이다. 그런데 잉태된 아기 예수님은 모든 아기가 엄마 뱃속에서 자라고 태어나는 법칙대로 성장과 출산의 과정을 다 거치셨다. 기적이 자연과 하나가 된 것이다. 예수님도 오병이어 기적을 일으키셔서 수천 명을 먹이는

기적을 보이신 후에 남은 것을 주워 담으라고 하셨다. 그랬더니 열두 광주리가 남았다. 그것은 처음 오병이어와 동일한 자연적인 음식이었다. 하나님은 자연을 무너뜨리지 않으신다.

자연법칙으로는 불가능한 생명의 잉태가 사라와 마리아에게 일어났던 것과 같이, 자연법칙으로는 불가능한 일이 또 일어났다. 성령으로 말미암아 우리 안에 새 생명이 잉태되는 것이다. 우리의 옛 사람 안에 영원한 새 생명이 잉태되는 것도 자연법칙으로는 불가능한 일이다. 죽음으로 끝났어야 할 육신에 영원한 새 생명이 잉태되는 것은 사라와 마리아의 몸에 새 생명이 잉태되는 것과 동일한 사건이다. 그것은 엘 샤다이 하나님께서 행하시는 전능하신 사역이다.

9장. 기도는 하나님과의
파트너십이다

우리는 진정으로 친밀한 관계를 말할 때 '친구 같다'고 말한다. 친구란 서로의 생각을 나누고 함께 결정할 때 맺어진다. 자신의 주장만을 내세우는 사람과는 누구도 친구가 되고 싶지 않다. 자신의 계획을 의논하기 위해 누구보다 먼저 찾아주는 사람이 있다면 그가 바로 진정한 친구다.

부모 자식 간에도 친구 같은 관계가 있을 수 있다. 다만 부모가 자식에게 명령하면서 복종을 요구하면 그 관계는 친밀해질 수 없다. 서로 동등한 입장에서 마음을 나눌 수 있어야 친구 같은 부모 자식 관계가 된다. 배우자도 마찬가지다. 서로에게 복종만을 요구하지 않고 숨김없이 진실하게 마음을

나누는 친밀함 속에서 배우자는 평생의 동반자요 친구가 될
수 있다.

　　하나님도 당신이 창조하신 인간에게 명령만 내리기를 원
치 않으신다. 그분은 우리에게 명령하시고, 명령대로 하지 않
을 경우에 벌을 내리시는 신이 아니다. 그분은 인간의 친구가
되어 주는 하나님이시다.

하나님은 우리 기도에 따라
뜻을 바꾸기도 하신다

하나님은 아브라함을 친구로 부르셨다. 야고보서 2장 23절에서 아브라함은 "하나님의 친구"라고 칭함을 받았다고 말씀하고 있다. 이렇게 불릴 수 있는 근거가 창세기 18장에 등장한다.

◇◇ 여호와께서 이르시되 내가 하려는 것을 아브라함에게 숨기겠느냐 창 18:17

하나님은 아브라함에게 자신의 계획을 미리 알려 주셨다. 그 이유는 아브라함을 친구로 초대하신 것이다. 하나님께서 아브라함에게 이미 알리신 계획은 그를 모든 민족의 아버지로 만드셔서 땅의 모든 나라들이 그를 통해 복을 받게 하시겠다는 것이다. 아브라함은 이 하나님의 계획에 초대되어 하나님과 동행하고 있는 것이다.

하나님은 아브라함이 일방적으로 자신의 계획을 전해 듣기만을 원치 않으셨다. 그의 생각을 듣고 계획에 반영하기를 기뻐하셨다. 하나님은 어떤 문제든지 우리 생각을 그분 앞에 정직하게 말씀드리기를 원하신다. 또 하나님은 우리의 기도를 따라 자신의 뜻을 바꾸기를 기뻐하시는 분이다. 하나님은 믿음의 사람들의 기도에 영향을 받으시며, 하나님의 성품과 진리와 약속에 근거한 기도에는 그 기도에 따라 뜻을 바꾸기도 하셨다.

하나님은 우리의 기도를 기다리신다. 세상에서 이루어지는 역사를 우리의 기도에 맡기기 원하신다. 하나님께서 이루시는 역사를 인간의 기도에 맡기면 속도가 느려질 것이다. 그러나 부모는 이제 막 걸음마를 시작한 어린 자녀를 위해서라면 속도 늦추기를 기뻐한다. 부모의 목표는 자신의 편리함이 아니라 아이들이 굳게 서도록 돕는 일이기 때문이다.

어떤 사람들은 역사를 변화시키려면 기도만 해선 안 된다고 말하기도 한다. 그러나 히틀러가 우상이 된 시대에서 연합군이 독일에 폭탄을 퍼붓는 상황을 보며 독일의 양심적인 신학자 헬무트 틸리케(Helmut Thielicke)는 이렇게 말했다.

"결코 식지 않는 사랑을 가진 이들이 두 팔을 벌려 드리는 기도를 통해 지구는 돌아간다. 세상은 그렇게 높이 쳐든 기도의 손들에 기대어 유지될 뿐 나머지는 아무것도 아니다."

헬무트 틸리케와 마찬가지로 나치에 저항한 디트리히 본회퍼(Dietrich Bonhoeffer)도 기도의 본질을 이렇게 정의했다.

"기도는 세상에서 역사하시는 하나님과의 파트너십이다."

기도가 얼마나 큰 특권인지를 깨닫지 못하면 우리 믿음은 자랄 수 없다. 믿음은 기도하기를 배운다. 기도는 의무가 아니라 하나님과 동행하는 사람이 누리는 특권이다. 창세기를 보면 하나님께서 아담과 동산을 거닐며 친구처럼 대화하던 시절이 있었다. 그때는 이런 일이 매우 자연스러웠다. 그러나 인간이 타락함으로 이 관계가 깨어졌다. 구원은 하나님과 친구처럼 대화하는 관계를 회복하는 것이다. 우리의 죄 짐을 대신 맡아 주신 주님께서는 우리를 하나님의 친구로 초대해 주셨다.

예수님께서 제자들에게 말씀하셨다.

∞ 이제부터는 너희를 종이라 하지 아니하리니 종은 주인이 하는 것을 알지 못함이라 너희를 친구라 하였노니 내가 내 아버지께 들은 것을 다 너희에게 알게 하였음이라 요 15:15

천지를 창조하시고 만물의 주인이시며 세상을 심판하시는 하나님께서 우리 한 사람 한 사람을 친구로 초대하신다는 사실이 얼마나 놀라운가.

하나님은 논쟁을
거부하지 않으신다

창세기 18장 후반부에서 하나님은 당신의 친구로 초대한 아브라함에게 소돔과 고모라에 대한 심판의 계획을 알려 주신다. 롯이 살고 있는 소돔과 고모라에 죄악이 심히 만연하여 하나님께서 심판하시겠다는 계획을 아브라함에게 알리신 것이다. 아브라함은 하나님께 자신의 의견을 강하게 피력한다. 그의 기도에는 하나님께 대한 담대한 항변과 도전이 포함되어 있다.

하나님은 때로 그분과 논쟁하는 듯한 우리의 태도를 거부하지 않으시고 격려하고 대응해 주신다. 하나님의 뜻을 살피며 때로 이해되지 않는 부분에 대하여 묻고 구하는 적극적인 태도를 기뻐하신다.

　∞ 여호와께서 말씀하시되 오라 우리가 서로 변론하자… 사 1:18a
　∞ 나 여호와가 말하노니 너희 우상들은 소송하라 야곱의 왕이
　　말하노니 너희는 확실한 증거를 보이라 사 41:21

아브라함은 의인을 악인과 함께 심판하는 것은 정당하지 않다는 주장을 가지고 하나님의 계획에 항변한다.

∞ 아브라함이 가까이 나아가 이르되 주께서 의인을 악인과 함께 멸하려 하시나이까 그 성 중에 의인 오십 명이 있을지라도 주께서 그곳을 멸하시고 그 오십 의인을 위하여 용서하지 아니하시리이까 주께서 이같이 하사 의인을 악인과 함께 죽이심은 부당하오며 의인과 악인을 같이 하심도 부당하나이다 세상을 심판하시는 이가 정의를 행하실 것이 아니니이까

창 18:23-25

아브라함의 주장은 이렇다. "만약 그 성에 의인이 있으면 어떡합니까? 공정하신 하나님께서 의인을 악인과 함께 대하는 것은 공정하지 못합니다. 의인 50명이라도 있다면 의인을 구하기 위해서라도 그 성을 용서하시는 것이 좋지 않겠습니까?" 하나님은 즉시 아브라함의 기도에 응답하셨다.

∞ 여호와께서 이르시되 내가 만일 소돔 성읍 가운데에서 의인 오십 명을 찾으면 그들을 위하여 온 지역을 용서하리라

창 18:26

그런데 아브라함은 자신이 말한 50명에 자신이 없었다. 그래서 하나님을 두려워하는 마음으로 다시 기도했다.

∞ 아브라함이 대답하여 이르되 나는 티끌이나 재와 같사오나 감히 주께 아뢰나이다 오십 의인 중에 오 명이 부족하다면 그 오 명이 부족함으로 말미암아 온 성읍을 멸하시리이까

창 18:27-28a

이번에도 하나님은 즉시 기도에 응답하셨다.

∞ 이르시되 내가 거기서 사십오 명을 찾으면 멸하지 아니하리라

창 18:28b

아브라함은 다시 45명에 자신이 없어 5명을 다시 감한 40명을 제안했다.

"40명만 찾으신다면 어떻게 하시겠습니까?"

하나님은 이번에도 즉시 기도에 응답하셨다.

"40명을 위해 내가 그렇게 하지 않겠다."

아브라함은 40명도 자신이 없어 다시 10명을 줄여 30명을 제안했다.

"만약 거기에서 30명만 찾으시면 어떻게 하시겠습니까?"

하나님은 즉시 응답하셨다.

"30명을 찾으면 내가 그렇게 하지 않겠다."

아브라함은 30명도 자신이 없어 다시 10명을 줄여 20명을

제안했다.

"만약 20명만 찾으시면 어떻게 하시겠습니까?"

하나님은 또 다시 즉시 응답하셨다.

"내가 그 20명을 위해 멸망시키지 않겠다."

아브라함은 이제 20명에도 자신이 없어 다시 10명을 줄여 10명을 제안했다.

"내 주여 노여워하지 마십시오. 제가 마지막으로 한 번만 더 말씀드리겠습니다. 만약 거기에서 10명만 찾으시면 어떻게 하시겠습니까?"

하나님께서 어떻게 대답하셨는가? "지금 나랑 장난하냐?"고 대답하지 않으셨다. "지금 화나게 하고선 노여워하지 말라고?"라고 응답하지 않으셨다. 동일하게 "내가 그 10명을 위해서 멸망시키지 않겠다"고 응답하셨다.

아브라함의 계속되는 간구는 매우 담대하지만 한편 스스로 생각하기에 너무하다는 생각이 들었는지 갈수록 하나님 앞에 두려움을 가지고 기도했다. 아브라함의 제안을 분석해 보면 처음에는 자신감으로 시작하고 있다. 처음에는 "50명이 있는데도 용서하지 않고 정말 쓸어 버리시겠습니까?", "50명에서 다섯 사람이 부족하다면 그 다섯 사람 때문에 성 전체를 멸망시키겠습니까?"라고 했다. 자기 자신에 대한 확신이 강한 표현이다. 그런데 후반부로 갈수록 하나님께 공을 넘겨드린다. 점점 자신감은 없어지고 하나님께서 어떻게 하실지 질문한다. "40명만 찾으시면 어떻게 하시겠습니까?", "30명만 찾으시면…?", "20명만 찾으시면…?", "10명만 찾으시면…?" 하는 것이다. 게다가 그는 하나님 앞에 "저는 티끌이나 재와 같은 존재에 불과합니다", "제가 감히 주께 말씀드립니다", "내 주여 노여워하지 마십시오" 하는 표현들을 사용한다. 그런데 이런 아브라함의 질문에 대한 하나님의 응답을 보면 전혀 동요가 없으신 채 계속해서 동일하게 "내가 그 의인들을 위해 멸망시키지 않겠다"고 대답하신다.

아브라함은 적어도 10명의 의인은 있을 것이라고 기대하여 더 이상은 숫자를 내리지 않았다. 그런데 그 기대는 무너졌다. 소돔과 고모라는 의인 10명이 없어 멸망했다. 그러나 하나님은 아브라함의 기도에 부분적으로 응답하셔서 조카 롯은 구하셨다.

구원을 위해 기도하는 것을
기뻐하신다

만일 아브라함이 마지막으로 "만일 의인 한 명만 찾으시면 어떻게 하시겠습니까?"라고 질문했다면 하나님께서 어떻게 응답하셨을까? "야, 10명이면 됐다. 그 이하는 진짜 무리다. 양심도 없구나"라고 말씀하셨을까? 아니라고 생각한다. 하나님은 동일하게 계속 응답하셨을 것이다. "만일 한 명의 의인이 있다면 내가 그 한 명을 위해 멸망시키지 않겠다"고 말이다.

그렇게 생각할 수 있는 근거는 다음 두 가지다.

첫 번째는 아브라함의 간구 속에는 하나님께서 기뻐하시는 것이 담겨 있었다. 그가 의인의 숫자를 줄여 나갔던 것은 하나님을 조롱하고자 한 것이 아니다. 하나님의 인내심을 시험하려는 것도 아니다. 하나님은 아브라함이 멸망받을 세상을 내버려 두지 않고 구원을 위해 기도하는 것을 기뻐하셨다. 하나님도 아브라함처럼 멸하기를 기뻐하시기보다 구하기를 더 원하시기 때문이다. 그래서 하나님은 흥정하듯 의인의 숫자를 줄여 가는 아브라함의 간구에 계속해서 동일한 사랑으로 응답하셨다.

두 번째는 아브라함의 간구 속에는 하나님께서 세상을 구원하시는 대표적인 원리가 담겨 있다. 그것은 '의인으로 인해서 악인이 구원받을 수 있다'는 원리다. 아브라함이 하나님께 용서와 구원을 호소한 근거는 '의인이 악인과 함께 멸망당하는 것은 정당하지 못하므로 의인을 봐서라도 용서해 주시는 것이 마땅하다'는 것이었다. 이러한 아브라함의 주장을 풀어 보면 네 가지 원리가 담겨 있다. 첫째, 의인은 죄가 없기에 멸망당할 수 없다. 둘째, 의인은 악인과 함께 멸망당해서는 안 된다. 셋째, 악인은 마땅히 멸망당해야 하지만 그렇게 되지 않을 수도 있다. 넷째, 의인으로 인해 악인도 구원받을 수 있다. 하나님께서 아브라함의 간구에 조금도 노하지 않고 계속적으로 동일하게 응답하신 이유는 하나님께서 세상을 이미 이러한 원리로 대해 오셨기 때문이다.

만일 세상에 의인이 단 한 명이라도 있다면 하나님은 그 의인을 위해 멸망시키지 않을 수 있다. 의인은 악인과 함께 멸망되어선 안 되기 때문이다. 그런데 문제는 세상에는 의인이 한 명도 없다는 것이다. 의인은 없나니 하나도 없다고 하셨다(롬 3:10). 하나님께서 의인이 없는 세상에 의인 한 분을 보내셨다. 성육신하신 예수님이시다. 하나님은 이 땅에 온전한 의인이신 예수님을 보내셔서 악인들도 구원받을 수 있게 하셨다.

∞ 그런즉 한 범죄로 많은 사람이 정죄에 이른 것 같이 한 의로운 행위로 말미암아 많은 사람이 의롭다 하심을 받아 생명에 이르렀느니라 롬 5:18

이로써 이 땅의 악인들에게도 살 수 있는 길이 열렸다. 하나님께서 아브라함의 기도를 기뻐하신 이유가 바로 여기에 있다. 그는 하나님의 구원 법칙을 따라 기도한 것이다.

아브라함의 이 중보기도가 그의 생애의 중심에 나오는 이유는 그에게 약속된 후손이 세상에 유일한 의인으로 오실 하나님의 아들 예수 그리스도이시기 때문이다. 의인 한 사람을 통해 온 세상을 구원하시는 하나님의 계획을 하나님은 아브라함에게 미리 알려 주셨다. 소돔과 고모라 같은 세상을 하나님은 의인 한 사람을 통해 구원하신다. 그 의인을 받아들이는가 받아들이지 않는가가 구원을 결정한다.

아브라함과 후손들을 통해 세워지는 하나님 나라는 의로우신 그리스도를 통해 세워지는 의의 나라다. 그 의의 나라의 백성은 자신만을 위해 존재하지 않는다. 그들은 장차 멸망당할 세상이 의로우신 예수님으로 인해 구원받기를 기도한다. 하나님은 의로우신 예수님으로 인해 우리처럼 구원받는 백성이 많아지기를 원하신다.

하나님은 그 백성의 수를 채우시기까지 세상에 대한 심판을 늦추고 길이 참으신다. 그리고 우리가 아브라함처럼 기도하기를 원하신다. 하나님의 법칙과 원리를 붙잡고 하나님께 담대히 세상의 구원을 위해 기도할 때 하나님은 기쁘게 응답하실 것이다. 우리의 기도를 통해 세상을 변화시키실 것이다.

Part 4

나를 내려놓을 때,

웃음을 주시다

10장. 죄의 본성이 끊어져야
약속이 성취된다

우리 인생에 벌어지는 모든 일이 서로 연결되지 않는 점들에 불과하다고 여겨질 때가 많다. 그러나 우리를 창조하시고 인생을 주관하시는 하나님의 시각으로 볼 때 각각의 점들은 서로 연결되어 하나의 선을 이루고 있음을 깨닫게 된다. 그리고 그 선이 우리가 생각하지 못했던 멋진 그림을 그리고 있었다는 사실을 알게 되는 순간이 있다.

우리는 전체를 볼 수 있는 눈이 없다. 과거를 해석할 수 있는 능력도 부족하고, 미래를 내다볼 수 있는 능력은 더욱 부족하다. 우리는 순간순간 현실에 부딪혀 오는 상황에 그저 반응할 뿐이다. 그러나 하나님은 우리가 도저히 이해하지 못하는

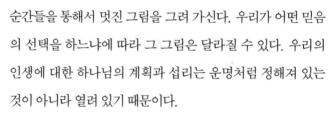

순간들을 통해서 멋진 그림을 그려 가신다. 우리가 어떤 믿음의 선택을 하느냐에 따라 그 그림은 달라질 수 있다. 우리의 인생에 대한 하나님의 계획과 섭리는 운명처럼 정해져 있는 것이 아니라 열려 있기 때문이다.

하나님의 섭리는 우리의 선택과 함께 연결되어 있다. 우리의 선택은 운명으로 결정되어 있지 않다. 그것은 하나님의 예정이 아니다. 또한 우리가 선택하는 대로 이루어지는 것도 아니다. 하나님의 섭리는 우리의 선택과 맞물려 간다. 때로 우리의 실수와 잘못이 있더라도 모든 일은 하나님의 목적대로 이루어진다.

옛 본성의 잔재를
뿌리 뽑기 원하신다

하나님은 아브라함을 통해 자신을 나타내기로 작정하셨다. 아브라함의 하나님이 되기로 결정하시고 일하고 계신 것이다. 이것은 아브라함이 하나님께서 기뻐하실 만한 일을 해서가 아니다. 비록 아브라함은 부족하지만 하나님께서 그런 그와 언약을 맺으시고 함께하심을 세상이 알게 하시기 위함이다.

그래서 때로 아브라함의 죄와 허물이 있은 직후에 하나님의 돌보심과 보호하심은 더욱 크게 부각된다. 그 일들 때문에 아브라함은 하나님을 더 잘 알게 되고, 세상은 아브라함과 함께하신 하나님에 대하여 더욱 알게 된다. 아브라함이 잘못하는 순간에 하나님의 크심이 더욱 강조되어 나타난다. 그러나 하나님께서 나의 잘못으로부터 선한 결과를 만드셨다고 해서 그것이 나의 잘못을 잘한 행동으로 만드는 것은 아니다. 아브라함이 애굽에서 잘못된 행동을 했지만 하나님은 애굽 이주를 통하여 아브라함을 더 부하게 만드셨다. 그것이 아브라함의 잘못을 잘한 행동으로 만든 것은 아니다.

하나님은 때로 우리의 옛 본성의 잔재를 드러내시기 위해서 우리의 그릇된 행동을 잠시 허용하실 때가 있다. 더 높은 차원의 계획을 위해 그릇된 죄와 마귀가 역사하는 것을 허용하시는 것이다. 아브라함에게 약속을 이루어 주시기까지 오랜 시간을 기다리게 하신 것은 옛 본성의 잔재들을 다 끄집어내시기 위함이었다. 아브라함의 무의식에 남아 있는 잔재들까지 다 끄집어내어야 자신이 전적으로 타락하고 부패한 존재임을 깨닫고 전능하신 하나님의 구원과 은혜를 의지하기 때문이다. 우리는 자신의 전적 타락에 대하여 정직하게 인정하고 전능하신 하나님의 은혜로만 구원을 얻고 옛 본성의 잔재를 끊어 낼 수 있다는 것을 고백해야 한다.

중요한 것은 나의 삶의 평가자가 내가 아니라 하나님이시라는 것을 깨닫는 것이다. 내가 자신을 평가하면 하나님을 불의한 분으로 만드는 것이다. 만일 우리의 삶이 자신이 세운 도덕적 기준을 따르는 것이라면 우리에게 구세주는 필요 없다. 예수님께서 나의 죄를 위해 피 흘릴 이유가 없는 것이다. 그러나 하나님이 나를 죄인으로 평가하시고 옛 본성의 잔재가 이처럼 드러나기에 구세주가 필요한 것이다. 이 평가를 받아들이지 않으면 하나님을 불의한 자로 만드는 것이다. 하나님의 최종 판단은 아브라함처럼 우리도 옛 본성의 잔재를 뿌리 깊이 갖고 있는 죄인이요, 오직 예수님의 보혈로 씻음받는 길 밖에 없다는 것이다.

소돔과 고모라에 대한 하나님의 심판이 있은 후 아브라함은 헤브론 산지를 떠나 남쪽 그랄로 이동하여 거주했다. 이때는 아직 이삭이 태어나기 전이므로 이삭의 출생을 예고한 이후 1년 내에 일어난 일이다. 그러니까 소돔과 고모라의 심판에 이은 그랄 이주는 수개월 내에 연속하여 일어난 일이라고 할 수 있다.

아마도 그들의 이주에는 소돔과 고모라의 끔찍한 심판이 큰 영향을 주었을 것이다. 어느 학자는 소돔과 고모라에 내린 유황불이 그 지역 전체에 피해를 주어 목초지가 필요한 유목민들이 그 일대에 거주하기 어려워졌을 수도 있다고 한다. 새롭게 이주한 그랄 지역은 비록 남쪽이기는 하나 약속의 땅의 지경을 벗어났다고는 볼 수 없는 곳이다. 애굽에 내려갔던 일이 교훈이 되어 하나님께서 주신 약속의 땅의 지경을 벗어나지는 않았던 것 같다.

그런데 아브라함은 여기에서 과거 잘못을 동일하게 반복했다. 아내 사라를 자신의 여동생이라고 거짓말함으로써 그랄 왕 아비멜렉에게 빼앗길 뻔한 일이 발생한 것이다. 이미 아브라함은 애굽에서 동일한 일로 바로 왕에게 큰 수치와 책망을 받은 경험이 있다. 그런데도 동일한 죄를 반복한 것은 옛 본성의 잔재가 나타난 것이다. 아브라함에게 하나님의 능력을 온전히 의지하지 못하고 자신의 목숨만을 생각하는 비겁한 옛 본성의 잔재가 뿌리 깊게 남아 있었던 것이다. 이 옛 본성의 잔재는 매우 뿌리가 깊어서 소돔과 고모라에 대한 하나님의 심판을 목격하고도 인식하지 못할 정도였다.

스스로 옳다고 여기는 것들을
주의하라

아브라함 안에 있는 옛 본성의 잔재는 두려움이다. 아브라함이 고향과 친척과 아버지의 집을 떠나 부르심을 받은 땅으로 이주하면서 낯선 곳에 정착해야 하는 두려움을 갖게 된 것으로 보인다. 그러나 아브라함에게는 하나님의 약속이 있었다. 하나님은 그에게 방패가 되어 주시겠다고 말씀하셨다. 아브라함은 하나님을 아는 자로서 여행하는 것이기에 믿음으로 발걸음을 옮긴다면 그 누구도 두려워할 필요가 없었다.

도리어 당시 세상이 아브라함을 점점 더 두려워하고 있었다. 하나님께서 아브라함과 함께하셨기 때문이다. 그러나 아브라함은 세상을 두려워하고, 아내 사라를 위험에 빠트리는 실수를 반복했다. 다른 사람이 자신의 아내를 취하고자 하는 것을 방관했다. 애굽에서는 하나님의 약속이 보다 구체적으로 주어지지 않았기 때문이라고 변명할 수 있었을지 모르지만, 창세기 20장의 시점은 전혀 다르다. 이때는 하나님으로부터 종이 아닌 사라의 몸을 통해서 언약의 자손을 주실 것이라는 분명한 약속을 받은 후였다. 더욱이 그 약속이 이루어질 구체적인 시점도 알고 있었다. 그러므로 아브라함이 보여 준 옛 본성의 잔재의 문제는 더 크게 부각되었다.

아브라함은 자신이 그랄 왕 아비멜렉 앞에서 또 다시 잘못을 행하고 있음에도 전혀 문제가 없다고 생각했으니 이렇게 행동했을 것이다. 스스로 자기가 맞다고 여긴 것이다.

오스왈드 챔버스(Oswald Chambers)는 이 사건을 해설하면서 "만일 우리 마음속에 스스로 자신이 옳다고 입증하려 하고 내가 맞다는 생각이 있다면 바로 그것이 자신의 악한 성향에 따라 그릇되게 행하고 있다는 증거"라고 말했다.

아브라함은 자신이 벌인 불신앙의 행동이 당시 사람들은 아무런 문제의식 없이 행했던 행동들이었기에 '나는 문제없다'고 생각했을지 모른다. 그러나 우리는 세상의 윤리적 기준으로 살아가는 사람이 아니라 성령의 생명의 법을 따라 살아가는 사람이다. 약속을 받은 하나님의 자녀들에게는 버려야 할 것들이요 치유받고 끊어 내야 할 죄악이다.

수치 속에서도
중보자로 세우시다

중요한 것은 '하나님께서 이러한 아브라함을 어떻게 대하셨는가?'이다.

첫째, 하나님은 또 다시 실패한 아브라함을 버리지 않으시고 아브라함과 사라를 여전히 보호하심으로 약속을 지키셨다. 하나님은 이번에도 그랄 왕 아비멜렉의 꿈에 나타나 경고하셨다.

> ◇◇ 그 밤에 하나님이 아비멜렉에게 현몽하시고 그에게 이르시되 네가 데려간 이 여인으로 말미암아 네가 죽으리니 그는 남편이 있는 여자임이라 창 20:3

그랄 왕 아비멜렉은 아침에 일어나 신하들을 불러 자신에게 일어난 모든 일을 말했다. 그 말을 들은 이들은 심히 두려워했다. 아비멜렉은 공적으로 자신이 받은 계시를 알리면서 돌이켰다. 그는 이방 왕이었지만 겸손한 면이 있었다.

아브라함은 이 일 때문에 또 한 번의 수치를 겪게 되었다. 아브라함은 아비멜렉에게 수치와 책망을 받았을 때 이렇게 답변했다. 아브라함의 답변에 아브라함의 옛 본성의 잔재가 나타난다.

> ∞ 아브라함이 이르되 이곳에서는 하나님을 두려워함이 없으니
>
> 내 아내로 말미암아 사람들이 나를 죽일까 생각하였음이요
>
> 창 20:11

아브라함은 애굽에서 거짓말을 할 때도 동일한 생각을 했다. 하나님을 두려워하지 않는 사람들이 아내 때문에 나를 죽일 것이라고 생각한 것이다. 그러나 이것은 스스로 만든 거짓이다. 실상은 세상이 하나님을 두려워하지 않아서 아브라함이 불가피하게 거짓말을 한 것이 아니다. 아브라함이 하나님을 두려워하지 않으므로 거짓말을 한 것이다. 그는 도리어 세상을 두려워했고, 이 두려움 때문에 내뱉은 거짓말에 사로잡혀 사람들이 나를 죽일 것이라는 생각에 빠져들었다.

두려움은 스스로 만든 거짓말에 사로잡혀 있는 것이다. 아무도 그를 죽일 의도가 없는데 자신을 죽일 것이라고 두려워하고 있는 것이다. 이러한 두려움은 피해망상, 과대망상 등 정신적인 질환으로도 나타난다.

자신을 쥐라고 생각한 사람이 있었다고 한다. 병원에 입원하여 치료를 받고 자신이 더 이상 쥐가 아니라고 확인한 뒤에 퇴원하게 되었다. 그런데 그가 병원 문 앞에 고양이가 있는 것

을 보고 움찔하며 나가지 못했다고 한다. 의사가 그 사람에게 말했다.

"당신은 쥐가 아니라는 것을 잘 알지 않나요?"

그 사람이 대답했다.

"예, 제가 쥐가 아니라는 것은 잘 압니다."

"그런데 왜 고양이를 두려워하나요?"

"저는 제가 쥐가 아니라는 것을 압니다만 저 고양이는 모를 것 아닙니까?"

아브라함은 두려움에서 비롯된 자신 안에 있는 거짓말을 깨닫는다. 그리고 자신을 죽이려고 했던 것은 세상 사람이 아니라 자기 자신이었다는 것도 깨달았다.

둘째, 하나님께서 아비멜렉에게 아브라함을 예언자로 말씀하시며 그에게 기도를 받으라고 하셨다. 애굽에서는 아브라함이 큰 재물을 얻을 수 있게 하심으로 그를 부강하게 하셨는데, 그랄에서는 아브라함이 예언자로서의 영적 권위를 얻게 하셨다.

◇◇ 이제 그 사람의 아내를 돌려보내라 그는 선지자라 그가 너를 위하여 기도하리니 네가 살려니와 네가 돌려보내지 아니하면 너와 네게 속한 자가 다 반드시 죽을 줄 알지니라 창 20:7

아브라함은 자신의 부끄러운 모습에도 불구하고 그랄 왕을 위하여 기도했고 하나님은 그의 기도를 들으셨다.

> ◇◇ 아브라함이 하나님께 기도하매 하나님이 아비멜렉과 그의 아내와 여종을 치료하사 출산하게 하셨으니 여호와께서 이왕에 아브라함의 아내 사라의 일로 아비멜렉의 집의 모든 태를 닫으셨음이더라 창 20:17-18

하나님은 아브라함의 기도를 통하여 롯을 구하여 주신 것처럼 그의 기도를 통해 아비벨렉 가정의 태의 문을 열어 주셨다. 하나님은 아브라함의 부끄러운 수치와 옛 본성의 잔재를 씻어 내실 때 그에게 중보의 사역을 맡기셨다.

옛 본성의 잔재가 하나도 없는 사람만이 사역을 할 수 있다고 한다면 누구도 자격이 없다. 문제는 '자신 안에 옛 본성의 잔재의 실체를 깨닫고 회개하는가?'이다. 소돔과 고모라의 심판 때 아브라함은 하나님의 계획 앞에서 중보자로 나서서 기도했다. 그런데 지금 그랄 왕 아비멜렉 앞에서, 부끄럽고 수치스러운 상황 앞에서 하나님은 그를 예언자로 드러내시고 중보자로 서게 하셨다. 그는 기도를 안 하면 안 되었다.

두 사건이 규모는 서로 다르지만 공통적인 원리는 아브라함을 중보자로 세우고 계시다는 것이다. 한 경우는 친구로서 엄청난 계획을 말씀하심으로서 중보 기도를 하게 하시고, 또한 경우는 어쩔 수 없이 할 수 밖에 없도록 이끄심으로서 중보 기도를 하게 하셨다.

하나님은 왜 아브라함에게 약속의 자녀를 주시기 전에 이 사건을 겪게 하셨을까? 그것은 아브라함의 인생의 발목을 잡고 있었던 오래된 본성의 잔재를 깊이 추적하시고 낱낱이 드러나게 하신 것이다. 아브라함은 하나님의 약속을 받은 자지만 이방인들 앞에서 부끄러움을 당한 후에야 자신의 내면에 숨어 있는 옛 본성의 잔재를 깨닫게 되었고, 이로써 수치 속에서 회개하게 되었다. 아브라함의 옛 본성의 잔재를 드러내시고 깨끗하게 끊어 내신 이후에야 하나님은 약속을 성취하셨다.

11장. 하나님을 경험하는 인생은 웃을 수 있다

_____ 창세기 21:1-8

아브라함과 사라는 믿음의 여정에서 많이 흔들렸다. 그들은 하나님을 믿었지만 동시에 하나님을 믿지 못했다. 전능하신 하나님의 약속을 믿는 것은 너무 어려웠다. 타락한 인간의 마음은 하나님의 전능하심을 신뢰하지 않기 때문이다.

죄는 끊임없이 믿음을 밀쳐 낸다. 하나님을 믿고 따르는 것을 가로막고 저항하는 죄가 우리 안에 있다. 죄인에게 가장 큰 어려움은 하나님을 믿는 것이다. 가장 쉬운 일은 하나님을 불신하고 의심하는 것이다. 하나님의 살아 계심을 부정하고 조상으로부터 내려오는 습관과 경험을 따라 사는 것이다.

아브라함과 사라의 믿음이 흔들렸던 것은 그들이 하나님

을 믿기 보다는 다른 두 가지를 더욱 믿었기 때문이다. 첫 번째는 자신의 방법이고 두 번째는 세상의 문화이다. 우리가 하나님을 믿지 않을 때는 믿음을 버린 것이 아니라 다른 것을 믿고 있는 것이다. 우리는 믿음 없이는 살아갈 수 없다. 하물며 하나님이 없다고 믿는 무신론자도 자기의 신념을 믿는다. 사람들은 무엇인가를 믿으며 살고 있다.

참된 믿음은
자기의 고집을 포기하는 것이다

아브라함과 사라는 서로 번갈아가면서 불신앙의 모습을 보여 주었다. 하나님의 약속이 이성적으로는 불가능한 일이었기 때문에 두 사람 모두 믿음을 지키기 어려웠다. 그러나 믿음이란 이해되지 않고 믿어지지 않는 상황이기에 필요한 것이다.

아브라함의 믿음은 실패와 시험 속에서 성장했다. 하나님은 아브라함이 믿음에서 실패하여 추락할 때마다 나타나셔서 그를 격려하셨다. 우리의 믿음은 하나님의 격려가 없다면 언제나 추락하는 곡선만 그리고 있을 것이다. 그럼에도 우리가 하나님을 믿을 수 있는 것은 하나님께서 우리의 믿음을 붙잡아 주시기 때문이다. 우리가 실패하고 넘어질 때마다 우리를 격려하고 세워 주시기 때문이다.

아브라함과 사라의 웃음은 자신의 방법에 대한 고집에서 나온 것이다. 하나님께서 지금까지 경험하지 못한 세계로 인도하실 때 고집이 강한 사람은 하나님을 비웃기도 한다. 그러나 참된 믿음은 이중적인 태도를 버릴 때 가능하다. 참된 믿음은 자기 고집을 포기할 것을 요구한다.

하나님께서 아브라함에게 주신 계시들을 보면 점진적으

로 주셨다. 창세기 12장에서는 큰 민족을 이루시겠다고 하셨
다. 그러나 어떤 방법으로 하시겠다는 언급은 없었다. 창세기
15장에 이르러서야 그 민족은 양자가 아니라 반드시 아브라
함의 몸에서 태어날 자손을 통해서 이루어지는 것이라고 말
씀하셨다. 창세기 17장에서는 아브라함의 몸을 통해서인데
반드시 사라의 몸을 통해서 이루어지는 것이라고 말씀하셨
다. 더 나아가 내년 이맘때에 그 약속이 이루어진다고 구체적
인 시간을 말씀해 주셨다.

많은 후손을 얻으리라는 약속과 일 년 후에 자손이 태어난
다는 약속 중 어느 것이 더 도전적인가? 일 년 후에 자손이 태
어난다는 약속이다. 왜냐하면 더 구체적이기 때문이다. 구체
적인 시간을 지정 받는 것은 신앙적인 관점에서 더욱 큰 도전
인 것이다.

그렇다면 하나님은 왜 처음부터 아브라함과 사라를 통해
언제 어떻게 자손을 주신다고 구체적으로 말씀하시지 않고
조금씩 더 자세히 말씀하시는가? 처음부터 구체적인 말씀을
하셨으면 아브라함과 사라는 조금도 믿지 않고 전혀 움직이
지 않았을지도 모른다. 오히려 도망쳤을지도 모른다. 창세기
12장에서 자손에 대한 약속을 하신 때부터 17장에서 정확한
시기를 말씀하시기 까지는 24년이라는 시간이 흘렀다. 하나
님은 24년간 조금씩 아브라함과 사라를 하나님께로 당기셨던

것이다. 하나님은 이와 같은 방법으로 우리를 다루신다. 하나님은 계획을 한꺼번에 모두 보여 주시기보다는 조금씩 우리가 믿음으로 나아감에 따라서 더 구체적이고 상세하게 보여 주신다.

C.S. 루이스(Lewis)는 그의 자서전 《예기치 못한 기쁨》(Surprised by Joy)에서 하나님께서 자신을 세 단계로 찾아오셨다고 고백했다. 첫 번째 단계로 하나님께서 낚시꾼처럼 찾아오셨다고 했다. 낚시꾼이 물고기를 낚을 때 미끼를 던져 물게 하고 조금씩 자신에게로 가까이 다가오도록 줄로 이끄는 것을 비유한 것이다. 두 번째 단계로 하나님께서는 그에게 고양이처럼 찾아오셨다고 했다. 고양이가 쥐를 잡으려고 뛰어다니다가 끝내 목적을 달성하고야 마는 모습으로 비유한 것이다. 세 번째 단계로 하나님께서 사냥개 무리처럼 찾아오셨다고 했다. 사냥개 무리는 주인이 가리키는 표적을 결코 놓치지 않는다. 포기하지 않는 집념으로 그 표적을 물어 올 때까지 포기하지 않고 달려간다.

하나님은 우리를 찾아오시되 조금씩 찾아오신다. 반면, 우리는 받아들일 수 있는 믿음도 없으면서 한꺼번에 모든 것을 다 알기를 바란다. 우리는 엄청난 일이 우리에게 이루어지기를 바라지만 실제로 우리는 그러한 기적이 일어나면 감당할 수 있는 준비가 되어 있지 않다. 하나님께서 서두르지 않고 충분한 시간을 가지고 일하시는 이유는 믿음이 맹목적인 것이 아니라는 것을 우리가 분명히 알도록, 우리를 준비시키시기 위해서다.

하나님을 경험하면
하늘의 웃음을 웃는다

비록 아브라함과 사라는 하나님의 말씀을 믿지 못하고 비웃었지만, 하나님은 1년 후에 말씀을 그대로 행하신다.

∞ 여호와께서 말씀하신 대로 사라를 돌보셨고 여호와께서 말씀하신 대로 사라에게 행하셨으므로 사라가 입신하고 하나님이 말씀하신 시기가 되어 노년의 아브라함에게 아들을 낳으니 창 21:1-2

발람은 자신이 받은 계시를 이렇게 전했다.

∞ 하나님은 사람이 아니시니 거짓말을 하지 않으시고 인생이 아니시니 후회가 없으시도다 어찌 그 말씀하신 바를 행하지 않

하나님께서 말씀대로 행하심으로써 아브라함과 사라의 비웃음을 진정한 웃음으로 바꾸셨다. 이런 웃음을 웃어보았는가? 하나님을 체험하는 자가 웃는 웃음은 경박한 웃음이 아니라 마음속에서 솟아나는 웃음이다.

사라가 아들을 낳은 사건은 하나님께서 말씀대로 행하심으로써 사라의 마음속에 있는 불신이 씻겨져 내리는 사건이다. 사라에게서 아들이 태어났을 때 그녀는 웃을 수밖에 없었다. 이 웃음은 이전에 사라가 살아오면서 가졌던 비웃음이 아니다. 이것은 하나님을 경험한 사람만이 웃을 수 있는 웃음이다. 자신의 모든 상처를 씻어 내리는 웃음이다. 마음속에 있는 불신이 씻겨 내릴 때 나오는 웃음이다. 인간적으로는 불가능한 일을 전능하신 하나님께서 이루시는 것을 볼 때 우리는 웃을 수밖에 없는 것이다. 하나님은 웃게 하는 하나님이시다.

하나님은 이미 사라가 웃을 줄 알고 아들의 이름을 이삭으로 지으라고 말씀하셨다. 왜 이삭인가? 6절에 보면 이삭의 뜻은 사라가 "하나님이 나를 웃게 하셨다"라고 고백한 데서 따온 것이다.

∞ 사라가 이르되 하나님이 나를 웃게 하시니 듣는 자가 다 나

'이삭'의 히브리어 발음은 '이쯔학'으로 입을 쫙 벌리고 웃는 의성어와 비슷하다. 하나님은 우리의 입을 벌려 웃게 하시는 분이다. 또한 믿음 없는 자들에게 찾아오셔서 믿게 하시고 그들로 웃게 하시는 분이다. 하나님은 말씀대로 행하시는 분이라는 것을 분명히 보여 주셨다. 이로써 사라가 하나님을 경험하게 되었다.

하나님을 경험하지 못한 인생은 하나님을 비웃으며 살아간다. 하나님을 비웃는 사람은 자신을 비웃고 다른 사람을 비웃는다. 우리 인생의 진정한 문제는 살아 계신 하나님을 믿지 못하고 경험하지 못하는 것이다. 우리에게 찾아오신 하나님과 그분의 약속을 믿고 체험할 때 우리는 진정 웃을 수 있다.

하나님은 우리에게 전능하신 하나님을 경험할 때 나오는 웃음을 선물해 주기 원하신다. 전능자의 그늘 아래 머물 때 우리는 웃으며 사는 인생이 될 수 있다. 세상의 웃음이 아니라 하늘의 웃음을 웃으며 살 수 있다.

아브라함을 향한 하나님의 약속의 성취는 평범한 아기의 출생이다. 이 일은 25년간의 기다림 끝에 이루어졌다.

인간의 생각과 방법으로는 하나님을 따라갈 수 없다. 하나님은 하나님의 방법으로 오신다. 영원하신 하나님께서 성육신하셔서 이 땅에 오셨을 때 그 모습은 너무나 작고 초라했다. 어린 아기로 오신 예수 그리스도를 세상은 알아보지 못했다. 그러나 그분은 우리에게 하늘의 웃음을 선물해 주시는 하나님 자신이셨다. 하나님은 그 아기 안에서 모든 약속을 이루셨다. 어린아이처럼 활짝 웃을 수 있는 믿음의 사람만이 그분의 약속이 이루어지는 것을 체험할 수 있다.

12장. 언약은 골고다 십자가 위에서 성취되었다

_____ 창세기 22:11-18

아브라함과 사라에게 아들 이삭을 주신 사건은 예수님께서 세상에 오신 사건과 관계가 깊다.

첫째로, 아브라함에게 주어진 약속은 모든 족속의 복의 근원이 되게 하신다는 약속이지만, 아브라함과 사라가 직접 경험한 사건은 인간의 불가능한 상황에서 전능하신 하나님의 능력으로 생명을 잉태한 일이다. 마치 동정녀 마리아에게서 생명이 태어났던 사건과 연결된다. 자연적으로는 잉태할 수 없는 몸에서 생명이 태어난 것이다. 아브라함과 사라에게 주어진 약속을 따라 태어난 생명과 같이 우리가 예수 그리스도를 통해 주신 약속을 믿을 때 우리의 옛 생명 안에 영원한 새 생명이 태어나는 것이다.

둘째로, 하나님은 아브라함과 사라에게 약속의 자녀를 통해 '영원한 언약'을 세우겠다고 하셨다. 그러나 그 언약은 이삭을 통해서 이루어지는 것이 분명 아니었다. 이삭은 영원한 인물이 아니기 때문이다. 아브라함의 후손으로 오시는 예수 그리스도는 아브라함 이전부터 계시던 영원하신 분이기에 그런 분이 세상에 오셨을 때에야 비로소 모든 언약이 성취되는 것이다.

약속보다 중요한 것은
약속하신 분을 믿는 것이다

하나님께서 말씀하신 대로 이삭을 세상에 태어나게 하심으로 아브라함과 사라는 전능하신 하나님의 능력을 체험했다. 또 그렇게 태어난 이삭은 하나님 약속의 실현이었다.

그런데 하나님은 이삭이 잘 자라고 있던 어느 날, 아브라함에게 큰 시험을 주신다. 아들 이삭을 번제물로 바치라고 명령하신 것이다. 하나님의 명령은 두 가지 딜레마를 가져다준다.

첫 번째 딜레마는 '사랑의 하나님께서 어떻게 이렇게 비윤리적인 지시를 내리실 수 있는가?'이다. 소나 양을 제물로 바치라는 것이 아니다. 사람의 생명을 제물로 요구하시는 것이다. 하나님으로서 내리실 수 있는 명령인가? 이런 내용을 근거로 구약의 하나님은 열등한 신이므로 구약은 폐기되어야 한다고 주장하는 사람도 있다.

이 딜레마에 대한 대답은, 아들을 제물로 바치라고 하신 것으로 하나님이 사람을 죽이는 것 자체를 기뻐하고 즐기는 분으로 생각해서는 안 된다는 것이다. 하나님의 모든 명령을 하나님의 성품과 동일시해서는 안 된다. 명령으로는 성품을 다 이해할 수 없다. 그것은 마치 부모가 자녀를 훈계하려고 벌을 줄 때 그 상황만 가지고 '부모는 벌주는 나쁜 존재'라고 해석하는 것과 동일한 것이다. 왜 벌이라는 고통을 주는지를 이해해야 한다.

이것은 분명히 시험이다. 하나님은 실제로 아브라함이 그러기를 바라신 것이 아니라 그의 믿음을 시험하려고 하신 것이다. 이러한 명령을 시험의 내용으로 선택하신 이유는 그 당시의 문화적 관습을 배경으로 이해할 필요가 있다. 인간을 제물로 드리는 일은 당시 구약시대의 이방인들 가운데서 실행되었던 종교 의식이었다. 자신이 믿는 신에 대한 최고의 사랑의 표현으로 아들을 제물로 바치는 비인륜적이고 열등한 종교의식이 있었던 것이다. 하나님이 그러한 행위와 비슷한 지시를 내리신 것은 그분이 이방 신들과 같은 수준밖에 되지 않는다는 것이 아니다. '실제로 존재하지 않는 신이나 우상에게 사랑과 충성을 보이기 위해서도 그러한 행동을 하는 사람들이 있는데, 그렇다면 나를 믿는 너는 내게 어느 정도의 믿음을 보일 수 있느냐?' 하는 시험인 것이다.

하나님은 아브라함의 믿음의 여정을 한 걸음 한 걸음 인도하셨다. "비 온 뒤 땅이 굳는다"는 말처럼 믿음에 실패한 후에 오히려 하나님께 대한 믿음이 더욱 깊어져 갔던 것이다. 믿음은 시험을 통해 완성된다. 우리의 인생에서 일어나는 여러 가지 어려운 시험 중에서 믿음을 온전하게 완성하는 시험이 있는 것이다.

아브라함은 이제 그 시험을 앞두고 있다. 사실 이 시험은
하나님께서 이미 정답을 다 가르쳐 주셨다. 시험 문제는 단
한 가지였다. '하나님을 신뢰하는가?'이다. 이것은 '하나님께
서 말씀하신 대로 이루시는 분인 것을 과연 믿고 신뢰하는가?'
를 알아보기 위한 문제다. 아브라함은 이 문제 앞에 별다른 고
민을 하지 않고 순종한다. 그는 아침에 일찍이 일어나 출발
했다.

두 번째 딜레마는 아브라함에게 주어진 하나님의 명령이
하나님의 약속과 반대된다는 것이다. 지금 하나님이 아브라
함에게 하시는 명령은 그동안 창세기 12장부터 21장까지 계
속해서 주신 약속과 정반대된다. 지금까지 반드시 주시겠다
고 계속 약속하신 자손을 주셨는데 왜 자손을 번제로 바치라
고 하시는 것인가? 만일 이삭이 죽는다면 하나님의 약속에 가
장 큰 문제가 생기는 것 아닌가? 아브라함에게 약속된 큰 민
족이 이삭에게서 태어난다고 약속하셨는데, 그가 사라지면
하나님의 약속도 함께 사라지는 것이다.

믿음의 마지막 시험에서 나오는 문제는 '하나님께서 앞에
서 주신 약속과 하나님의 현재 주시는 명령이 다를 때 어떻
게 해야 하는가?'이다. 아브라함은 이 문제를 어떻게 해결했
는가?

그는 약속을 믿는 것(Trusting the Promise)과 약속하신 분을 믿는 것(Trusting the Promiser)을 구별했다. 우리의 믿음은 약속하신 분을 믿는 것이다. 약속보다 더 중요한 것은 약속하신 분이다. 약속을 이해하지 못할지라도 약속하신 분을 믿는다면 명령에 순종할 수 있다.

그의 경험은 불가능을 가능케 하실
하나님을 믿게 했다

약속하신 분 곧 전능하신 하나님을 믿는 아브라함의 믿음이 어떻게 나타나는가?

첫 번째는 아브라함과 이삭과 종들이 3일간의 여행을 통해 하나님께서 지시하시는 곳에 이르렀을 때, 아브라함이 종들을 기다리도록 하고 이삭과만 산에 오르는 모습에서 나타난다.

◇◇ 이에 아브라함이 종들에게 이르되 너희는 나귀와 함께 여기서 기다리라 내가 아이와 함께 저기 가서 예배하고 우리가 너희에게로 돌아오리라 하고 창 22:5

아브라함은 종들에게 "우리가 너희에게로 돌아오리라"고 말했다. 이를 통해 우리는 아브라함에게 하나님과 약속에 대한 깊은 신뢰가 있었다는 것을 알 수 있다. 그렇다면 아브라함은 하나님께서 중지시키실 것을 알고 다음 지시를 기다리면서 아들을 번제로 드리는 척했다는 것인가? 그렇지 않다. 아브라함의 믿음에는 하나님께 대한 중요한 지식이 포함되어 있다. 그것은 하나님께서 어떻게 행하실지에 대한 올바른 믿음이 있었던 것이다.

아브라함은 자신이 하나님의 명령대로 순종하는 것과 하나님의 약속이 이루어지는 것은 서로 충돌하지 않을 것이라는 믿음을 가지고 있었다. 아브라함은 하나님의 능력을 체험함으로 하나님께 대한 믿음을 확실하게 갖고 있었던 것이다. 사실 그는 '늙은 부부에게서 어찌 자녀가 생길 수 있는가?'라는 과학적인 질문을 던졌던 사람이다. 그러나 불가능한 일이 자신에게 일어난 것을 체험했기 때문에 불가능한 요구를 하시는 하나님은 무엇인가 뜻이 있고 계획이 있다는 믿음을 가질 수밖에 없게 된 것이다.

만일 창세기가 21장까지의 이야기가 없이 22장부터 시작되었다면 아브라함은 아들을 제물로 드리라는 명령에 결코 순종할 수 없었을 것이다. 그렇지만 아브라함은 '하나님은 언제나 그 말씀을 완벽하게 지키시는 분'이라는 것을 체험했다.

그분의 타이밍은 언제나 완벽했다. 이삭의 출생은 하나님의 말씀 그대로 이루어진 사건이었던 것이다.

두 번째는 아들 이삭의 질문에 대한 아브라함의 대답에서 믿음이 나타난다.

> ∞ 이삭이 그 아버지 아브라함에게 말하여 이르되 내 아버지여 하니 그가 이르되 내 아들아 내가 여기 있노라 이삭이 이르되 불과 나무는 있거니와 번제할 어린 양은 어디 있나이까 아브라함이 이르되 내 아들아 번제할 어린 양은 하나님이 자기를 위하여 친히 준비하시리라 하고 두 사람이 함께 나아가서 창 22:7-8

아브라함의 마음속에 심각한 갈등이 있었다면 아들이 "번제할 어린 양은 어디 있나이까?" 하고 물을 때 감정적이 될 수 있었다. 내면의 갈등이 드러날 수 있는 타이밍이다. 그런데 아브라함은 침착하고 의연하게 "번제할 어린 양은 하나님이 자기를 위하여 친히 준비하시리라"고 대답했다. 아브라함은 결코 흔들림 없이 하나님의 명령을 실행했다.

아브라함이 이러한 믿음의 사람으로 변화된 것이 놀랍다. 전능하신 하나님의 능력을 체험함으로써 하나님께 대한 믿음이 생긴 결과 이제는 하나님의 계획을 예측할 수 있는 믿음까지 생겨난 것이다. 분명히 아브라함은 하나님의 명령과 약속을 놓고 기도하면서 생각했을 것이다. '내가 이삭을 번제로 바치는 것으로 끝난다면 하나님의 약속은 무너지는 것이다. 그런데 왜 하나님께서 자신의 약속을 무너뜨리는 행동을 하라고 요구하시는가?' 아브라함이 이 질문에 어떤 결론을 내리고 순종했는지 그 대답을 성령님께서 히브리서를 통해 우리에게 전해 주신다.

> ∞ 아브라함은 시험을 받을 때에 믿음으로 이삭을 드렸으니 그는 약속들을 받은 자로되 그 외아들을 드렸느니라 그에게 이미 말씀하시기를 네 자손이라 칭할 자는 이삭으로 말미암으리라 하셨으니 그가 하나님이 능히 이삭을 죽은 자 가운데서 다시 살리실 줄로 생각한지라 비유컨대 그를 죽은 자 가운데서 도로 받은 것이니라 히 11:17-19

아브라함은 하나님께서 이삭을 다시 살리실 줄로 믿었던 것이다. 하나님의 약속과 명령이 서로 충돌되지 않고 일치가 될 수 있으려면 단 한 가지 길밖에 없다. 하나님은 약속을 반드시 지키실 것이고, 동시에 하나님의 명령은 반드시 실행해야 한다는 이 두 가지 조건을 모두 충족시키는 길은, 자신은 명령대로 행하고 하나님은 이삭을 다시 살리심으로 약속을 지키시는 방법밖에 없는 것이다. 그것은 바로 아브라함이 이삭의 부활을 믿었다는 것이다. 하나님께서 이삭을 부활시키시려고 한다는 것을 믿은 것이다.

죄로 죽게 된 우리와
예수 그리스도를 교체하셨다

아브라함이 이삭을 죽이려고 할 때 하나님은 모든 상황을 중지시키셨다. 그리고 긴장은 해소된다. 이삭은 풀려나고 아브라함의 믿음은 확인되었다. 아브라함은 믿음의 마지막 시험을 통과한 것이다.

> ∞ 사자가 이르시되 그 아이에게 네 손을 대지 말라 그에게 아무 일도 하지 말라 네가 네 아들 네 독자까지도 내게 아끼지 아니하였으니 내가 이제야 네가 하나님을 경외하는 줄을 아노라 창 22:12

이제 아브라함이 믿음의 시험을 통과했으므로 번제가 중단된 것으로 장면이 끝나는가? 그렇지 않다. 하나님께서 아브라함에게 요구하신 번제는 중단되지 않았다. 번제가 시험으로만 끝난 것으로 생각하면 본문의 의미를 놓치고 만다. 이 사건은 번제가 중단된 사건이 아니라 하나님께서 준비하신 어린 양으로 재물을 대신하여 번제가 완성되었다는 사실을 보여 준다.

이 부분에서 아브라함에게 주어진 시험은 계시로 그 역할이 변화한다. "번제할 어린 양은 하나님이 자기를 위하여 친히 준비하시리라"고 했던 아브라함의 믿음의 고백은 예언이 되었다. 하나님은 친히 번제물을 준비하셨다.

◇◇ 아브라함이 눈을 들어 살펴본즉 한 숫양이 뒤에 있는데 뿔이 수풀에 걸려 있는지라 아브라함이 가서 그 숫양을 가져다가 아들을 대신하여 번제로 드렸더라 창 22:13

이 말씀에서 하나님께서 아브라함에게 지시하신 이 명령은 아브라함의 믿음을 시험할 뿐만 아니라 예수님의 십자가와 부활을 통한 하나님의 구원 계획을 가장 잘 보여 주는 사건이다. 하나님은 완전한 순종의 제사를 아브라함에게 요구하셨다. 그리고 그 순종의 제사는 믿음으로 응답하는 아브라함에 의해 이루어졌다.

그 제물은 아브라함의 아들 이삭이었다. 그런데 이삭이 희생되었는가? 희생되지 않았다. 그러나 희생된 것이다. 아브라함 편에서 이삭은 믿음으로 희생되었다. 하나님의 명령에 순종하기로 결심하고 행동으로 옮긴 순간 희생된 것이다.

여호와께서 준비하신다는 뜻의 '여호와 이레'는 히브리어 발음으로 '야훼 이레흐'다. 여기서 '이레흐'는 '라야'라는 동사에서 유래했는데 '보다', '바라보다', '감찰하다' 등으로 사용되며, 확대된 의미로 '준비하다'로도 쓰인다. 그러므로 '여호와 이레'는 '하나님께서 보고 계시다' 또는 '하나님께서 준비하시다'라는 뜻이 된다.

이삭은 하나님께서 준비하신 제물로 교체되었다. 이삭이 살아난 것은 하나님께서 준비하신 어린 양이 이삭을 대신하여 죽었기 때문이다. 그것이 바로 우리가 예수님을 믿을 때 일어나는 사건이다. 예수님은 하나님께서 준비하신 어린 양이다. 세례 요한은 예수님을 가리켜 이렇게 소개했다. "보라 세상 죄를 지고 가는 하나님의 어린 양이로다"(요 1:29). 하나님은 죗값을 치러야 하는 우리를 그냥 용서하신 것이 아니다. 우리가 예수님을 믿을 때 심판에서 면제되는 것이 아니다. 예수 그리스도 안에서 우리에 대한 심판이 처리된 것이다. 이삭 대신 하나님이 준비한 어린 양이 희생된 것처럼 우리 대신 예수님이 희생되셔서 우리에 대한 심판이 이미 이루어진 것이다. 우리는 이삭처럼 희생되지 않았지만 하나님 보시기에는 희생된 것이다. 이미 심판을 받은 것이므로 심판에 이르지 아니하는 것이다.

믿음의 마지막 시험은 '하나님이 하신 제물의 교체(Replacement of Offering)를 믿음으로 받아들이는가?'이다. 구원은 교체의 사건이다. 하나님은 당신의 아들과 우리를 교체하셨다. 우리가 올라가야 할 죽음의 제단에 그 아들 예수 그리스도를 올리셨다. 하나님께서 준비하신 어린 양은 바로 하나님의 아들 예수 그리스도이시다. 모리아 산에서 번제물이 된 이삭과 이삭을 대신한 어린 양으로 인해 이 사건은 갈보리 언덕의 십자가 사건의 가장 분명한 예표가 된다.

이삭과 하나님의 어린 양 예수는 공통점을 보여 주고 있다.

첫째, 이삭과 예수님은 둘 다 약속의 자녀다. 이삭은 25년 간 약속을 기다림으로 태어난 자녀이고, 예수님은 약속을 따라 이 땅에 오신 분이다.

둘째, 이삭과 예수님은 동일한 언덕에서 제물이 되었다. 모리아 산은 다윗이 하나님을 위해 단을 쌓았던 오르난의 타작마당이었다. 그리고 후에 솔로몬의 성전이 지어진 곳이다. 그리고 예수님께서 십자가에 못 박혀 죽으신 예루살렘의 골고다 언덕이다.

셋째, 이삭은 죽은 것과 다름없었으나 다시 살게 된 존재가 되었고, 예수님은 죽으신 지 3일 만에 다시 살아나셨다.

믿음의 마지막 시험은 우리의 사랑하는 이삭을 모리아 산으로 데리고 올라가 번제물로 드리는 것이다. 그러나 하나님께서 지시하신 모리아 산에 믿음으로 순종하여 오를 때 그곳에는 하나님께서 준비하신 번제물이 기다리고 있다. 하나님은 갈보리 언덕에 올라 믿음으로 순종하는 자들의 손에서 칼을 거두시고 그 대신 자신의 아들을 십자가에 못 박으신다.

우리는 아브라함이 이삭과 함께 올랐던 그 언덕에서 나를 대신한 하나님의 어린 양의 죽음을 발견한다. 여호와 이레의 하나님께서 준비하신 어린 양 예수 그리스도의 죽음이다. 아브라함의 이삭 제사는 아브라함의 믿음만 시험하고 중지시키셨지만 하나님의 아들 예수 그리스도에 대한 죽음은 중지시키지 않으셨다. 하나님은 사랑이시기 때문이다. 인간에 대한 사랑이 그토록 크신 것이다.

전능자의 그늘 아래 머무는 삶은 믿음으로 날마다 골고다 언덕에 올라 십자가에 나타난 하나님의 위대한 사랑을 체험하는 여정이다.

하나님은 아브라함을 통해 장차 오실 예수님을 명확하게 보여 주셨다. 아브라함과 사라의 믿음의 여정은 그분을 예비하고 믿는 삶이었다. 우리가 예수님을 믿는 믿음의 원리를 그들의 삶을 통해 보여 주셨다.

아브라함 안에 믿음을 시작하신 분도 예수님이시요, 그의 믿음을 온전케 하신 분도 예수님이시다. 그러므로 우리 안에 아브라함의 믿음을 시작하시는 예수님께서 우리 또한 온전케 하실 것이다.

어두운 죄의 그늘 아래서 벗어나 전능자의 그늘 아래서 살았던 아브라함의 축복이 우리 모두에게 임하길 바란다.